ideaink 11

ヒップな生活革命

佐久間裕美子

朝日出版社

き込んだヘリテージ・ブーム／全米一治安の悪い街・デトロイト復興の物語／自分の生き方を表現するブランド／サイクリストと直接つながる自転車用パンツのブランド／斧からスタートしたブランドが商品に込める物語／違うコミュニティを掛け合わせて成長する帽子ブランド／製造業を底上げする作り手と工場とのお見合いサービス／顔の見える作り手から買える新しいオンラインストア

第4章 自分の場所を作る文化発信のチャンネル

レコードの流行に見る音楽文化の再生の兆し／若い作家がデジタルで直接映像を届ける配信革命／小さなコミュニティを作って復活する雑誌／世の中の動きとは独立して自分たちの場所を作る／政治に参加するチャンネルはひとつではない／日本の伝統的な文化がアメリカに与えた影響

はじめに

アメリカ人はバカだ。そう思っている人は少なくないかもしれません。マクドナルドを食べてぶくぶく太り、「アフリカという国は」といった知的レベルを疑うような発言をする大統領を選出し、自分の財力で払える以上の価格のマイホームを購入してサブプライム金融危機を引き起こし、世界経済を道づれにしたバカな人たちだ、と思っている人が。実は私自身も、長いあいだこの国に暮らしながら、アメリカのメインストリームに対して、そしてアメリカ人に対して、似たような考えを持っていました。

アメリカが初めての黒人大統領を選出する直前の2008年9月、私はこの広大な国に生活するアメリカ人が何を考えて、何に不満や不安を抱き、何を政治に求めているのかを知るために、市井《しせい》のアメリカ人のポートレートを撮りながらアメリカを車で一周する旅をしていました。旅先で出会ったアメリカ人たちの多くは、2007年後半から始まった不景気、ガス代や医療費の高騰《こうとう》、どんどん拡大する所得の格差、クレジットカードに頼らなければ暮らしていけない状況といった問題に対する不安を口にし、変革の必要性を強く感じているようでした。

２００８年9月に巨大なハリケーン「アイク」がテキサスに上陸して、洪水を避けながら、テキサス州のメキシコとの国境近く、プレシディオという人口５０００人弱の小さな街に逗留《とうりゅう》しているとき、リーマン・ブラザーズが破綻《はたん》したことをラジオで知りました。名だたる投資銀行の中でも、最もリスクをとるアグレッシブなスタイルで知られていた大手金融機関が破綻したことで、長いあいだ都市部で続いていた好景気の恩恵をほとんど受けなかったはずのその街にも余波がやってくることは、容易に想像することができました。

ニューヨークに戻ってみると、やってくる暗い時代の兆候がすでに至るところで見られるようになっていました。空前の不景気をメディアが１９３０年代の世界大恐《だいきょう》慌《こう》と比較するようになり、街は活気を失いました。自分の周辺でも、やれリストラにあった、仕事が入らなくなった、地下鉄で強盗にあった、車上荒らしにあった、そんな話を耳にすることが一気に増えました。多くの人々が、自分とまったく関係のないところで起きていたマネーゲームが失敗したことでやってきた嵐に呑《の》み込まれ、無力感を抱いているようでした。初の黒人大統領を選出したはいいけれど、サブプライム危機とともにアメリカを覆《おお》った黒い雲は、永遠に立ち去らないのではないかとさえ思えました。

何より危機にさらされたのは文化でした。それまで驚くほど分厚かったファッション誌は目に見えて薄くなり、次々と雑誌が休刊や廃刊を発表しました。ただでさえオンラインのショッピングに圧迫され、不景気前から苦しい状態にあった書店や音楽ショップも、ひとつ、またひとつと姿を消していきました。多くのバーやレストランが潰《つぶ》れ、多くのライブハウスが閉店を余儀なくされ、多くのギャラリーが扉を閉めていきました。私自身も、ニューヨークを拠点にライターとして仕事をしながら、自分が取材してきた文化の基盤が揺らぐ感覚を覚え、アメリカでも日本でも雑誌やメディアがバタバタと倒れていくのを目撃しました。それまでラグジュアリーブランドからの広告収入に支えられ夢の世界を描いてきたメディアが、迫り来る暗い時代に何を伝えていけばいいのか、疑問を抱いたのです。

ところが、日常的に目に入ってくる悪いニュースにも慣れた頃、少しずつ何かが変わっていくのを肌で感じるようになりました。驚くほどおいしいコーヒーを出すインディペンデント系のカフェが増え、産地直送の新鮮な野菜がぐんと手に入りやすくなったのです。大量生産の仕組みの中で粗悪な商品を作るかわりに、古いものや廃材を直して使ったり、リメイクしたりする作り手が増え、手づくりのクラフト文化のつぼみが開花しているのに気がつきました。また、個人経営の本屋が、ギャラリーが、レコードショップが再び増え、文化に活気をもたらすようになっていました。

一度は消えてなくなるかと思われた紙の媒体の世界でも、予算を自ら捻出した手づくり感あふれる新しい雑誌が増え、アーティストたちが作る「ZINE（ジン：自費出版の少部数刊行物）」の文化が再び盛り上がりを見せるようになりました。無力感に打ちのめされるだけでなく、自分たちの手で何かを起こそうとする人たちによって、ファッションや食を含めたライフスタイルの分野で、またメディアの世界で、新しい動きが生まれていたのです。

白人エリート主義の企業文化や、拝金主義のメインストリーム・カルチャーが主導してきたニューヨークで、そしてアメリカで、これまでの基準とは違う価値観で今、モノを作ったり、発信したりしている人たちの中には、金融危機が起きる前から続けているパイオニアもいれば、あの危機をきっかけに新しい生き方や方法論を探った人もいます。自分の信じる価値観を自身のブランドに投影するクリエイターもいれば、インディペンデントな作り手が自由にものづくりできるようにするツールを作っている人もいます。それぞれが自分のできるところから始め、自分の周りに小さなコミュニティを作っていますが、小さな島のように運営される大小のそれらが、ときには重なり合い、ときには呼応し合って、今、アメリカの文化の中で大きなうねりを形成しようとしています。

この新しい文化の潮流は、自分たちが消費するものの本質を強く意識することから始まっています。口に入れたり、身に着けたりするものがどこで作られ、どこからやってきたのかを考えよう、社会的責任に重きを置く企業を支持しよう、「より大きいものをよりたくさん」という消費活動と決別しよう、お金さえ払えば誰でも手に入れることのできる高級ブランドのバッグよりも、自分がより強いつながりを感じるものを、たとえば同じコミュニティの一員がデザインし、地元の工場で、自分たちと同じ電車に乗って仕事に通う人が作る商品を使おう、という新しい価値基準の提案です。

もちろん、これらすべてが突然登場したわけではありませんし、アメリカの主流の文化を一昼夜で変えられるわけでもありません。けれども、ポートランド、ブルックリン、北カリフォルニアといったリベラルな都市を中心に、なかば同時多発的に各地で、同じような意識や価値観を共有する人たちの手によって起きている小さなムーブメントは、今の時代にあってインディペンデントな生き方をしたい人たちにヒントをたくさん与えてくれます。世界中に散らばった小さなコミュニティは呼応し合ってより大きな文化の潮流を形成し、大きな力を前にただ無力感に打ちひしがれながら何もできずに生きていく必要はない、ということを私たちに教えてくれるのです。

本書で紹介するムーブメントの多くは、すでに日本でも紹介されています。けれども、それらがどういう社会的な背景から登場して、人々がどういうメッセージを発信しているかという視点は、その過程で抜け落ちてしまうことが多いように感じています。

アメリカの食べ物がなぜ急においしくなったのか、なぜ急にクラフトブームが起きたのかと最近よく訊《き》かれます。アメリカ人のセンスがにわかに良くなったわけでも、ある日突然グルメになったわけでもありません。危機をきっかけに「生きる」ということをあらためて考え直した人たちのライフスタイル改革があり、それに呼応する消費者が増えているからこそ、今のムーブメントがあるのです。同じような意識の広がりは、日本でも、そしてきっと世界の至るところでも起きているのだと思います。

今、私が暮らすブルックリンを見回してみると、自分の置かれた現状や社会のあり方に対する疑問や不安を起点に何か新しいことを始め、それによって成功をおさめた、という例がごろごろ転がっています。もちろん誰もが手にできる成功ではありません。しかしながら、個人が何かを始めようと思ったときに、手にできるツールが増えていることは確実です。本書に登場する数々の事例が、新しい考え方のヒント、自分にもできることを発見するきっかけになることを願ってやみません。

第１章
アメリカに新しい変化の波が現れた

「新しいアメリカ人」のスペック

今、ある種の価値体系を持った人たちが、アメリカという文化の中でひとつの流れを形成しています。それはどういう人たちなのか、イメージが湧《わ》きやすいように、まずはスペック（概要）を描いてみようと思います。

こういう人たちは、インディペンデントな（つまり大手のチェーン系ではない）コーヒーショップなどで見つけることができます。それもバリスタがいて一杯一杯のコーヒーを手で淹《い》れて、内装にはヴィンテージの家具や再利用された資材が使われていて、メニューはチョークで手書き、といったタイプの店です。コーヒーだけではなくて、お茶のセレクションも充実している場合もあります。

コーヒーを飲むにも、買い物をするにも、スターバックスやウォルマートのような大手のチェーン店や量販店は避けて、地元の個人経営の店を好み、健康志向で、添加物や保存料が入った食料を嫌い、食材を買うためにファーマーズ・マーケットに出向いたりもする。お気に入りの交通手段は自転車で、なるべく車には乗らない。車がないと生きていけないような土地であれば、プリウスに乗っているかもしれません。

服装も、大量生産された商品でなく、古着や個人経営のブランドの商品を好みます。この層に好まれがちなものといえば、ネルシャツ、ヴィンテージ風味のべっ甲縁のメガネ、タトゥー、コンバースまたはバンズのスニーカー。一見プレッピー風（「プレップスクール」と呼ばれる私立の名門校にルーツを持つスタイル）に見えたり、ときにはパンクの影響を受けているような印象もありますが、ヘアスタイルは床屋カットが優勢で、長髪は少数派、木こりを思わせるようなヒゲを生やしている人も多いです。

電話はiPhone、コンピュータは必ずMacで、テクノロジーの恩恵は享受しながらも、アウトドアやガーデニングが好きで、週末になると郊外のセカンドハウスやキャンプに出かけて、あえて原始的な環境に自分を置いたりするタイプ。外で音楽を聴くときもiPhoneで、家にはターンテーブルがある確率が高く、ハリウッド映画よりインディーズ映画を好みます。政治や社会への関心が強く、圧倒的にリベラル寄りで、同性婚やマリファナの合法化を支持し、オバマ大統領が歴史的勝利をおさめた2008年の選挙のときには、仕事を休んでオバマ陣営に参加したような人もいるかもしれません。

職業的には、デザイナーやスタイリスト、アーティストなど、クリエイティブ系の仕事をしている場合が多く、自己表現の一環として音楽やアートをたしなみ、メインストリームの顧客やマスを相手に商売をしていたりする。つまり、価値観は主流に与《くみ》することなく自分のものを持っていますが、パンクやヒッピーといったかつてのカウンターカルチャーの旗手たちとの違いは、主流と共存しながら、自分の商売や表現を通じて自己の価値観を主張していること。パンクやヒッピーの価値観の一部を受け継ぎながら、テクノロジー革命の恩恵はしっかり受けつつ、手を動かして作られるものを評価する、そんな層です。

時代を変革するヒップスターたち

こういう人たちのことを何と呼べばいいのでしょう？　私がすぐに思い浮かべるのは、「ヒップ（hip）」「ヒップスター（hipster）」という言葉です。アメリカでは

1940年代のジャズの世界で、当時のスラングだった「ヘップ」（クール、イケているという意）という言葉が「ヒップ」に変形して、「ヒップスター（ヒップな人）」としていわゆる「通」に近い意味で使われるうちに浸透した言葉です。私たちが現在使っている「ヒップスター」は、1990年代後半から徐々に使われるようになり、特に2000年代中頃からは、ブルックリンやポートランドに生息する、先に説明したような人々を指して用いられるようになりました。

この「ヒップスター」という言葉の定義をめぐってはメディアや書き手のあいだでこれまで喧々《けんけん》諤々《がくがく》の議論がありました。実際、「ヒップ」も「ヒップスター」も定義しにくい概念です。なぜなら、それは音楽、アート、政治、社会、食や自然に対する考え方、スタイルといった多くの分野を横断するある種の「姿勢」を示すだけでなく、もうちょっと感覚的な「センス」をも含み、そうした意味の内実は時代とともに変化するからです。

「ヒップ」の歴史を包括的に検討した『ヒップ――アメリカにおけるかっこよさの系譜学』（篠儀直子・松井領明訳、ブルース・インターアクションズ、2010年）という本の冒頭で、著者のジョン・リーランドはこう書いています。「見れば誰でもそれがヒップだとわかる。定義上主観的なものであるのに、誰が見てもヒップは驚くほど一致する。それはセロニアス・モンクのピアノの至福であり、アンディ・ウォーホルのフィルムが黒いタートルネックの上に映写されるなか、ドラッグとサドマゾヒズムの曲を演奏する、ルー・リードとヴェルヴェット・アンダーグラウンドのストイックな野性である。ジャック・ケルアックの文章がもつ『バップの韻律』のフローであり、レニー・ブルースの加速する風刺であり、ジェイムズ・エルロイの気高いパルプ・フィクションがもつ速射砲のようなリズムである」。

分かったような分からないような説明です。たとえとしては、上記のような音楽やアートの現象が最も分かりやすいかもしれませんが、この他にリーランドが「ヒップ」として挙げているものには、ブルックリンのウィリアムズバーグやロサンゼルスのシルバーレイクといった地域に始まって、ビートからボヘミアニズムにまで至る主流に対抗する「カウンターカルチャー」的ムーブメント、「黒人と白人がともに踊るダンス。アウトサイダーの愛。ハイ・カルチャーとロウ・カルチャーにまたがること。薄汚れた気高さ、言外に多くの意味を含む言葉」まで様々な形態に広がります。アフリカから連れてこられた奴隷たちの末裔《まつえい》が生み出したブルースも、「個人を讃え、規範に従わない者たちを賞賛し、市民的不服従を唱え、男色の匂いをただよわせ」たラルフ・ウォルドー・エマーソンやヘンリー・デイヴィッド・ソローといったアメリカン・ルネサンスの作家たちも、アンディ・ウォーホルのファクトリーも、大統領選出のときにサングラス姿でサックスを吹いたビル・クリントン元大統領も、『ワイアード』を創刊したデジタル界のパイオニアたちも、「ヒップ」なのです。

つまりヒップであることには、文化の嗜好《しこう》において先鋭的なセンスを持っていること、主流に対する対抗的またはアウトサイダー的要素を持っていること、マイノリティや同性愛者のような被差別人口と多くの場合文化を介してつながっていることなどが含まれているようです。けれどそれに加えてひとつ言えることは、リーランドが言う「ヒップ」な人たちは、長い歴史の中で、アメリカ文化の進化に多かれ少なかれ影響を及ぼしてきたということです。

リーランドがこの本を刊行したのは2004年ですが、「ヒップ」の概念はそれからも変容してきました。特に近年では、「ヒップスター」という言葉にはネガティブなニュアンスが含まれるようになりました。たとえばジャーナリストのクリスチャン・ロレンツェンは、２００７年に「Why the hipster must die（なぜヒップスターは死ななければならないか）」と題した文章を『タイムアウト・ニューヨーク』誌に発表して、ビート、ヒッピー、パンク、グランジといった戦後のムーブメントを「消費」するヒップスターたちは、「本物を崇拝し、またたく間に偽物として吐き出す」と論じました。「ヒップスター」と呼ばれる人たちの写真や動画を掲載する「ルック・アット・ディス・ファッキング・ヒップスター」というブログ（http://lookatthisfuckinghipster.tumblr.com/）が人気を博し、写真集として刊行されるまでになりました。

ヒップという言葉に付帯するネガティブなニュアンスは、現代においてはファッションやスタイルといった表層的な側面だけを「ヒップ」と表現しがちであることが原因かもしれません。「リベラル」「環境主義」といった思想につきまといがちなナイーブな理想主義者という偏見を、「ヒップ」という発言の中に感じとることもあります。そもそもは思想的、内面的なことも含まれていたはずの「ヒップ」を商品化し、パッケージ化しようというメインストリーム、つまり大企業主導の文化からの欲求によって、「ヒップ」の中身が形骸化《けいがいか》し、羨望《せんぼう》や嫉妬《しっと》とともに忌《い》み嫌われるようになったのかもしれません。

そういうわけで、最近のヒップスターたちは「ヒップスター」と呼ばれることを嫌います。友人に向かって「君はヒップスターだ」と言えば侮辱に聞こえるでしょう。けれど面白いことに、たとえば「ヒップスターのおかげでブルックリンの家賃が高くなった」と吐き出すように言うタイプの人間こそが、だいたい客観的に見れば、「ヒップ」と言われる種類の人だったりするのです。

本書の登場人物たちの大半もそうです。彼らの活動や思想についての前情報をまったく持たなければ、見知らぬヒップスターという印象を受ける可能性はおおいにあります。そしておそらく彼らも「ヒップスター」と呼ばれることを喜びはしないでしょう。

それでも今、文化の様々な場所で起きている変革から「ヒップ」の要素を切り離すことはできない気がします。なぜなら、今のアメリカでは確実に、環境に配慮したり、食材や衣類がどうやって作られているかを意識したりすることは時代の最先端に位置するからです。そして、ヒップスター世代の意識革命の背景には、「ヒップ」とされている人々が牽引《けんいん》している変革に同調する欲求が、大きく作用しているからです。それが、意識や思想が拡散していくプロセスに役立っているのです。「ヒップスター」という言葉の意味自体が変容して、ネガティブなものになってしまったとしても、今のところ、これに代わるポジティブな言葉は登場していません。

おいしいコーヒーが代表する文化の「サード・ウェーブ」

ヒップスターの文化を紹介するうえで、ひとつ分かりやすい例を述べたいと思います。コーヒー好きな人なら「サード・ウェーブ・コーヒー」という言葉を耳にしたことがあるかもしれませんが、これは、いまアメリカ、特にポートランドやカリフォルニア、ニューヨークを中心に起きているアルティザン（職人）系コーヒー文化のことです。「サード・ウェーブ」の定義については諸説あるようですが、クオリティの高い豆を、世界各地のコーヒー農園から中間業者を通さずに直接購入し、ブレンドではなく1種類の豆を軽めにローストしたり、カフェラテやカプチーノといったコーヒー飲料の作り方にとことんこだわったり、手淹れやフレンチプレスといった淹れ方のバリエーションを提供する、通のコーヒー好きが通うようなインディペンデント系のコーヒーショップをめぐる文化のことだと思っていただければ間違いないと思います。

コーヒー業者のあいだでは2000年代前半から使われだした言葉ですが、『LAウィークリー』の食の評論家ジョナサン・ゴールドが記事の中で行った定義によると、コーヒーのファースト・ウェーブ、つまり最初の波は、19世紀に「フォルジャーズ」というブランドのコーヒーがアメリカの家庭の食卓に並ぶようになったときのこと、そして二番目の波は、1960年以降の北カリフォルニアに登場した「ピーツ・コーヒー&ティー」からスターバックスの登場と普及まで、そして、いま起きているグルメコーヒーの盛り上がりが三番目の波になります。

「サード・ウェーブ」の代表格といえば、1995年に創立したシカゴの「インテリゲンツィア・コーヒー」と、バリスタやカフェにコーヒー豆の扱いやフェアトレードなどについてのトレーニングを行う、ノースキャロライナ州ダーラムの「カウンター・カルチャー・コーヒー」、1999年にオレゴン州ポートランドに誕生した「スタンプタウン・コーヒー・ロースターズ」、2002年にカリフォルニア州オークランドに生まれ、手淹れのコーヒーを北カリフォルニアに紹介した「ブルー・ボトル・コーヒー」など。味や豆のクオリティを圧倒的に改善しただけでなく、フェアトレードを推進し、アフリカや中南米のコーヒー農園と積極的に関わることで労働環境の改善や賃金の向上に貢献しながら、現場で働くバリスタや消費者の意識を改革するという点でも、こうしたコーヒーの雄たちが果たした役割は計り知れません。

かつてアメリカのコーヒーといえば、薄くてまずくてどうしようもありませんでしたが、スターバックスが増えたことで手軽に飲めるコーヒーのクオリティが上がり、カリフォルニアやポートランドで始まったグルメコーヒー・ブームのおかげで、今ではニューヨーク中に驚くほどおいしいコーヒーを出す店が急速に増えています。ガラスのドリップポット「ケメックス」の手淹れのコーヒーを出す店もあれば、フレンチプレスの店もあります。

ポートランドのコーヒー業界をリードする「コアヴァ・コーヒー・ロースターズ」というカフェは、コーヒー好きが高じて、自宅のガレージで豆をローストするようになったマット・ヒギンズが立ち上げた店ですが、ロースト前の豆本来の味を大切にするために、豆をブレンドすることは一切ありません。これは簡単なことのように聞こえますが、実は難点があります。南米やアフリカからキログラム単位で運ばれてくる豆をヨーロッパ製の機器でローストし、アメリカの測量法に則ってポンド（1ポンド＝約0・45キログラム）単位で売ろうとすると、中途半端な豆が出ることになります。大手のコーヒーロースターは、この余剰を混ぜて「ブレンド」として売るのです。豆をピュアな状態で売りたいという哲学からブレンドを作らない「コアヴァ」は、アメリカの不文律に反して、ポンドではなくキロ単位で豆を売っています。ここには、今まで当たり前のこととして採られてきた方法をあらためて見直すことで、より無駄を出さない方法を編み出していこうという「コアヴァ」の精神があります。

「コアヴァ」では、「ケメックス」を使った手淹れのコーヒーを出していますが、カリフォルニアの「エーブル・ブリューイング」というメーカーが作る、メタル製の何度でも洗って使えるフィルターを採用しています。「エーブル・ブリューイング」は、ある日紙のフィルターを切らしたことで、サステナブル（持続可能）なフィルターを作りたいと思ったキース・ガーキーが立ち上げたビジネスです。手淹れのコーヒーに独特の舌触りを加えてくれるこのフィルターは、いま急速に、カフェで使われている紙のフィルターに取って代わっていっています。

各地でよりおいしいコーヒーを飲みたい、提供したいと思った人たちが、知識を共有し合い、互いに協力したり、影響を及ぼし合ったりしながら全体の

「サード・ウェーブ」のコーヒーショップの中でも、いま最も革新的な考え方で運営されているポートランドの「コアヴァ・コーヒー・ロースターズ」。街のコミュニティの中心になっている。

レベルを高めていく。アメリカのコーヒーの世界におけるそうした同時多発的な進化の仕方は、今の世の中を象徴しています。文化全体で「サード・ウェーブ」的なことが起き始めているのです。

テレビや車といった、今となっては現代生活に必要不可欠なものを手に入れた時代を文化の最初の波だとすると、よりたくさんの物質を手に入れることが豊かさの象徴だった時代がその第二の波。そして、大量生産や消費主義を見直そうという、いま起きている動きが文化の第三の波。それはこれまで当たり前に口に入れてきたもの、手にしてきたもの、これまでの衣食住の習慣を考え直そうという流れです。少数でもいいから本当にいいものを作りたいという作り手をはじめ供給側の努力と、環境や体により優しいものを身に着けたい、よりクリーンな食材を口にしたいという消費者の欲求が融合し、現在、食やファッションといった文化の様々なエリアで、エコ、ハンドメイド、オーガニックといった要素を鍵《かぎ》に変革が進んでいるのです。

ポートランドに芽生えた独立の精神

ポートランドの「コアヴァ・コーヒー・ロースターズ」を訪れたとき、オーナーのマット・ヒギンズの代わりに応対してくれたマット・ブラウンが、「スタンプタウン・コーヒー・ロースターズ」のスタッフを紹介してくれました。競争相手なのに付き合いがあることに驚くと、マットは、開店当時トラブルが起きたときに「スタンプタウン」が知恵を貸してくれたというエピソードを教えてくれました。知識を貸し合ったり、助け合ったりするというコミュニティ精神こそがコーヒー業界の進化の原動力になってきたわけですが、「サード・ウェーブ」がポートランドから生まれたことを考えると、実は驚くべきことではありません。

今、デザインや雑誌の世界で「ポートランド」がひとつのキーワードになっていることに気がついている人もいるかもしれません。デザインでいうと、ちょっぴりレトロで手づくり感あふれ、温かみのある感じとでも言えばいいでしょうか。数年ほど前から、アメリカ文化のそこここに、ワークウェアを着て分厚いもじゃもじゃのヒゲを生やしたアメリカ人男性がヒップな存在として登場しましたが、これはポートランド産の男性像です。歴史的に林業が盛んだったこの土地の男たちのスタイルが、ポートランドの外に「輸出」されるようになったからですが、その背景には、ポートランド的価値観が徐々に主流の文化に影響を及ぼすようになったことがあります。

　ポートランド的価値観、これはポートランドを訪れたことのある人でないと分かりにくいかもしれません。アメリカの北西部オレゴン州にあるポートランドは人口では全米で24位、わずか60万人弱の中都市です。アメリカ北西部ではシアトルに続く第二の大都市ですが、スターバックスやアマゾンといったアメリカを代表する大企業が拠点にするシアトルに比べ、周辺地域を入れても世界の企業番付「フォーチュン500」に名を連ねる企業がナイキを含め2社しかないこと、また北カリフォルニアのヒッピー文化の影響を色濃く受けていることなどから、インディペンデントな精神が強い土壌で知られます。西に進めばビーチがあり、キャンプやアウトドアの名所が豊富な自然に囲まれ、東の山を目指せば一年中スノーボードができる積雪があることから、スポーツやアウトドアが文化に深く根付いています。アメリカでも有数の自転車都市として知られ、食や環境問題に対する意識が強く、早くからオーガニック農業が栄えた場所でもあります。そして、全米を代表する「ヒップスター都市」のひとつでもあるのです。

ポートランドは「住みやすい都会」という文脈で口の端《は》にのぼることの多い都市です。地価を含めて物価は他の大都市に比べて格段に安く、消費税がありません。市内ならどこでもだいたい自転車で15分ほどもあれば到着する程度の広さで、ダウンタウンの中なら徒歩で移動することが可能です。食べ物のレベルは全米屈指で、新鮮な食材を使った旬の味を、驚くほどリーズナブルな価格で楽しむことができます。

ポートランドがなぜこれだけ住みやすい条件を備えているのか、そこには様々な要因がありますが、街の歴史にいくつか興味深い事実を見出すことができます。ポートランドは、アメリカで西部への開拓が進んだ時代に開拓者たちの手で作られた都市です。中央政府ともカリフォルニアの都市とも距離がある位置関係から、伝統的に独立の精神の強い都市として知られています。その精神によって、ポートランドは1960年代に、連邦政府と州政府が計画した高速道路建設を拒否し、また1979

年に「都市成長境界線」という制度を策定して、ポートランド市と市外との境界線をきっぱりと引きました。ここには、市を維持しやすい規模に留めて郊外化することを防ぎ、周辺地域の農業や林業を守ろうという意図がありました。

余談になりますが、アメリカの多くの都市部では、高速道路が普及して「郊外」という概念が広がるとともに、都市部から白人人口が流出するという現象が起きました。ポートランドのように「都市成長境界線」を引かなかったデトロイトやクリーブランドといった都市では製造業の衰退とともに雇用が減少、それにともない人口が流出して、歯抜け状態になった都市の治安が悪化するという状況が起きたのです。

ポートランドのダウンタウンを歩いてみると、ニューヨークやロサンゼルス、サンフランシスコといった都市に比べ、一つひとつのブロック（街区）がかなり小さいことが分かります。市内の中心は徒歩で歩ける環境を作り、行政にとっては管理しやすい規模感だから税金も安く抑えられています。地価が比較的安く、起業するのにかかる元手が小さいから、事業を起こしやすい。ですから独立の精神を持った起業家には魅力的な場所です。ポートランドを代表する企業のひとつに、ナイキなどのクリエイティブを担当する広告制作の「ワイデン＋ケネディ」がありますが、創始者のダン・ワイデンとデイヴィッド・ケネディはナイキから借りたタイプライターと公衆電話でビジネスを始めたという逸話があるほどです。

長年ポートランドを拠点に世界を旅する生活をしている「ワイデン＋ケネディ」のクリエイティブディレクター、ジョン・C・ジェイに、この街が今のような場所になった理由を尋《たず》ねるとこんな答えが返ってきました。

「主流の文化と遠いから、自分たちの手で作っていこうという独立の精神が根付いた。都市機能を管理しやすいサイズに維持したことから、文化が自力で育つ余裕ができた。ポートランドのブロックが小さいのは、不動産を小分けにしようという業界の思惑もありますが、隣の人との距離が近く、コミュニティ精神が根付きやすい環境を作ったわけです。街の規模感が小さいほうが、人を大切にしようというヒューマニズムは生き残りやすいのではないかと思います」

いまポートランドで文化やクリエイティブの中心にいる人たちは、市民の自転車利用を奨励し、物価の維持・安定に努め、都市機能を管理できる規模に抑えつつ、無理のない範囲で成長してきたポートランドの空気に惹《ひ》かれて、ジョンのように他の場所からやってきた人が大半です。

文化のケミストリーが起こる場所としてのホテル

ポートランドの文化が全米に、そして全世界に拡散するのに貢献した一人に、「エースホテル」のアレックス・カルダーウッドがいます。アレックスは、シアトルを拠点に友達のグループと始めたイベント会社が成功し、それをきっかけに、ヘアサロンのファストフードともいうべき大手チェーンの「スーパーカッツ」に対抗して「ルーディーズ・バーバーショップ」という、男のための床屋を開いて成功をおさめました。その店を発展させてシアトルに開いたのが「エースホテル」です。アレックスとその友達は、かつて救世軍が運営していたハーフウェイ・ハウス（刑務所を出た元受刑者やリハビリ施設を出た元ドラッグ中毒者が自立するまでの期間暮らすための施設）だった建物を買い取って改修し、1999年、この地にホテルとして開業しました。

最初の「エースホテル」がオープンした地域は、ハーフウェイ・ハウスだった建物があるくらいですから、当時は決して高級なエリアでも治安が良いエリアでもなかったのです。アレックスは、開いたホテルに「クリエイティブ層のための」と銘打って部屋代を安めに設定しました。裕福とは限らないけれど、集まれば面白いことを起こすような人々が来るホテルを作ったのです。

アレックスは、コラボレーションの王様でした。イベント会社時代から築いてきた豊富な人脈を元手に、ホテルをベースに、人と人とをぶつけてケミストリーを起こすようなプロジェクトを多数行いました。「ポップアップ・ショップ（期間限定の店）」という概念を世の中に最初に紹介した一人でもあります。職歴がまったくないのに、彼に雇われてホテルのアートディレクターを務めたジェレミー・ペリーはこう言っています。

「アレックスは大きなアイデアを考えつく天才だったけれど、それを自分が実行に移すかどうかに頓着《とんちゃく》しないかわりに、実行力のある人材を見つけるのに長《た》けていた。物事が有機的に進化していくことを許容したからこそ、『エースホテル』はここまで進化し、大きくなったのだと思う」

シアトルのホテルが落ち着いたとき、アレックスが次の場所として選んだのがポートランドでした。ポートランドの独自の文化に触れたアレックスは2007年の開業に向けて、この街に拠点を移すことを決めます。地元の「スタンプタウン・コーヒー・ロースターズ」や地元アーティストを招いて、地域に根付いたコラボレーションを始めていったのです。シアトルでやったように、いわゆる「チャレンジド・エリア（問題のあるエリア）」と呼ばれる地域に進出するという方法論でポートランドでも成功をおさめ、エリアの活性化にも貢献しました。

同じ手法で、リーマン・ショックが起きた後の2009年に、彼はニューヨークにもホテルをオープンしました。その際、ポートランドの同胞である「スタンプタウン」、前出の床屋「ルーディーズ」をともなって、ニューヨークの一角にアメリカ北西部の文化のハブを作ったのです。

ボザール様式の建物の造りを活かし、ヴィンテージの家具を配しながら、同時に現代アートをちりばめたインテリアで開業した「エースホテル・ニューヨーク」は、それまでニューヨークにあったどんなホテルとも違っていました。髪が長く伸びきって腕にタトゥーが入っていたりするキャラクターの濃いスタッフが玄関で迎え入れてくれて、客にというよりは友人に対するように挨拶をしてくれる。ロビーでどれだけ長居しても嫌な顔ひとつされない。と思えば、そこでマルコム・グラッドウェルのような有名作家が仕事をしていたり、ブルックリンのノイズバンドが座り込んで音をかき鳴らしていたり。

アレックスが思い描いたビジョンは、「人が集まることでケミストリーが起きる場所」でした。2010年に彼にインタビューした際に、「文化が集まる場所としてのホテル」という考え方について質問を投げかけたところ、こんな答えが返ってきました。

「アーティスト、ライター、映画人、デザイナーといった、ありとあらゆるクリエイティブな人たちが集まって、経験を共有できるという場所を作りたかった。僕は『エースホテル』を人と人とのあいだに起きる、ダイナミックな交流の媒介として考えている」

ニューヨークでは2000年代前半から、ドラッグ問題に対する取り締まりが厳しくなったことで大型のクラブが衰退し、夜遊びの場がクラブからホテルのラウンジに移行していました。ベルベットのロープで仕切られた高級ホテルのラウンジに入るために、屈強なガードマンに身なりをチェックされるという屈辱を受けながら、高いシャンパンをすするという行為に飽きていた人は多かったのでしょう。

　サブプライム危機の後に反ブルジョワ的な空気が広がるなか、カジュアルな衣類に身を包んだクリエイティブ層は、「エースホテル」に押し寄せるようになりました。「ホテル」という営業形態にとどまらずに文化イベントを多数開催した「エースホテル」が応援したのは、アートにしても、音楽にしても、メ

シアトルに生まれ、ポートランドを拠点に選んだ「エースホテル」。宿泊施設というより、文化のキュレーターだ。写真はボザール建築を改装したニューヨークのホテル。

ジャーよりはインディペンデント系の創作活動でした。

財力を持ち合わせた宿泊客のために贅沢《ぜいたく》な宿泊体験を提供する場所こそが、需要の高いホテル。そんな定説を覆《くつがえ》したことをどう思っているのか水を向けると、アレックスはこう答えました。「僕をはじめホテルのクルーは、そういうタイプじゃないんだ。もっと民主的で、平等主義の世界を思い描いている。それを表現したのが、『エースホテル』なんだよ」。

それから3年、オープン当時とは若干客層も雰囲気も変わり、無線インターネットも宿泊客のみへの提供になったとはいえ、「エースホテル」は今も、ミッドタウンとダウンタウンの中間という便利な地の利も手伝って、重宝され続けています。残念ながら、アレックスは2013年に47歳という若さで亡くなりました。けれども、あらゆる種類の人々が集まりぶつかり合ってできるケミストリーを大切にするという、ホテルを使って彼が行った壮大な実験は、アメリカのホテル界に新しい風を吹き込み、その足跡は今後も消えることなく次世代のクリエイターたちに引き継がれていくのだろうと思います。

こうして「エースホテル」や「スタンプタウン・コーヒー・ロースターズ」の躍進も手伝って、ポートランド文化は徐々にアメリカ全土に浸透していきました。たとえば2011年には『ポートランディア』というテレビドラマが登場し放送開始とともにブレイクしました。極端なくらいリベラルな思想を持つポートランドのヒップスターたちを風刺《ふうし》するコメディです。第1シーズンの最初のエピソードは「90年代の夢が生きる場所ポートランド」というコーラスで始まり、主要キャラクターがレストランで「フリーレンジ（放し飼い）」のチキンを使った料理を注文するのに、「鳥がどこで育てられているのか」「放し飼いと言うが、どれくらいの広さの敷地を走り回れるのか」といった質問を繰り返した挙げ句に、近郊の農場まで鶏の飼育状態を見にいく姿を描きました。この番組のヒットによってヒップスターたちの生活思想がメインストリームでも認知されるようになった一方、それらが滑稽《こっけい》に映る一面があることも示しました。

「エースホテル」がニューヨークにオープンしたのは2009年、『ポートランディア』が始まったのは2011年でしたが、サブプライム危機が起きて変革の必要性が叫ばれながら、変わらぬ大企業主導の世の中と政治に失望感が漂っていたことを考えると、主流と一線を画しながら独自の文化を形成したポートランドのインディペンデントの精神とカウンターカルチャー的要素、またアレックス・カルダーウッドがホテルを使って表現したことにメインストリームが反応したことは、ひとつの必然だったのかもしれません。

ひとつの文化圏となったブルックリン

コーヒーの「サード・ウェーブ」のように、ポートランドで盛り上がったヒップスター文化は、ニューヨークのブルックリンやロサンゼルスのシルバーレイクのように、コミュニティ性や独立精神の強い地域と呼応しながら、オースティンやデンバーといった全米に散らばる大学街に伝播《でんぱ》していきました。特にこの過程において、東海岸で重要な中継点の役割を果たしているのがブルックリンという地区です。

ニューヨークという街を語るうえで、ブルックリンが担っている文化的な役割の度合いはどんどん大きくなっています。ブルックリンで作られるクラフト（手工芸品）やファッションなどが日本にも数多く輸入される今、「ブルックリン」はもはやブランド化したといっても過言ではないことは、日本にいても雑誌などを見ていれば分かるかもしれません。しかし、ブルックリンがどういう場所なのか説明されることは実は意外に少なく、また、これから話を進めるのにも必要だと思いますので、以下に少し説明してみます。

そもそもニューヨーク市は、マンハッタン、ブルックリン、クイーンズ、ブロンクス（英語では「ザ」がついて、「ザ・ブロンクス」と呼びます）、スタテン・アイランドという5つのボロー（行政区）で構成されています。なかでも最大なのはマンハッタンだと思っている人も多いようですが、ブルックリンは面積でいうとクイーンズに続いて第2位で182平方キロメートル、人口では約250万人でトップです（2010年の国勢調査）。しかも仮にブルックリンを市（シティ）とみなすと、ニューヨーク、ロサンゼルス、シカゴに次いで全米で4番目に人口の多い都市になるほど大きい文化圏なのです。

17世紀にオランダ人が入植したブルックリンは、1785年にニューヨークがアメリカ合衆国の首都になった後も長いあいだ、人口の少ない田舎でした。19世紀中頃にヨーロッパからの入植者が増えて好景気に沸《わ》き、これに対応するために1883年、マンハッタンとのあいだにブルックリン・ブリッジが作られ、1894年には住民投票でブルックリンがニューヨーク市の一部になることが決まりました。その後、港湾都市として、製造業の中心として、しばらくはいい時代が続きましたが、1950年代には戦後の不景気がやってきてスラム化し、犯罪が増え、貧困がはびこりました。地元の野球チームだったドジャースがロサンゼルスに移動したのもこの時期です。それから状況はどんどん悪化し、1980年代には人口が急減しました。けれどもその後、もうこれ以上ないくらい状況が悪かったときに、ブルックリンの美しい建物を安価で購入できることを知った裕福でない知識層や中産階級がブルックリンに移り住むようになって、文化が再生したのです。

「ブルックリン」と一言で言っても、たくさんの地区によって構成されているので、エリアによって雰囲気はまったく違います。1950年代以降徐々にマンハッタンか

ニューヨーク市の中で最大の人口を誇るブルックリンは多数の地区で構成されている。

ら移動してきた中産階級が選んだのは、パークスロープやブルックリンハイツといったエリアでしたが、1980年代以降に地価高騰《こうとう》によりマンハッタンで生活ができなくなったクリエイターたちは、ブルックリンが工業地帯だった時代に建てられた倉庫や工場をスタジオや住居にし始めました。アーティストやミュージシャンたちが目指したのは、川沿いの元工業地帯、現在ではダンボ（DUMBO）やウィリアムズバーグと呼ばれるエリアです。知識層やクリエイターたちが流入するようになった後でも、ブルックリンは「マンハッタンに住めない」人々がしぶしぶ選ぶ土地、そこからマンハッタンの仕事場に向かう場所というイメージでした。

それが急速に変わってきたのは今から5〜10年ほど前からでしょうか。安い家賃を求めてマンハッタンを出て、ブルックリンの地に根を下ろした人々が、食、音楽、クラフト、ファッションといった様々な分野で活動を始め新しい流れを形成しました。そうやってブルックリンはニューヨークの文化において、マンハッタンの二次的存在から脱却して、ひとつの文化圏として、メインストリームの文化に影響を及ぼすようになったのです。世界の商業の中心であるマンハッタンに比べてコミュニティ精神が強く、政治的にはリベラル、環境問題についての意識が高い人々が多く住むブルックリンでは今、エコ、ハンドメイド、オーガニックといった手づくり精神がそのアイデンティティ形成の大きな軸になっているのです。

バブリーな世界観と対立する無骨で温かいスタイル

サブプライム危機によって価値観の変化が感じられるようになったことを先に述べましたが、何もそれは、ある日突然降って湧いたように始まった流れではありません。それ以前に、文化の様々な分野でパイオニア的な役割を果たして変革の下地を作ったクリエイターたちがいたのです。先に紹介したアレックス・カルダーウッドもその一人でした。

2013年に表参道にも出店した、床屋とレストランとショップが融合する「フリーマンズ・スポーティング・クラブ（FSC）」をご存じの人もいると思います。FSCの創業者であるターボ・ソマーは、バブルの最盛期、光沢でピカピカしたモダンでゴージャスな世界がまだ優勢だったニューヨークに、新しくなくてもモダンでなくてもいいじゃないかという価値観を導入した先駆者の一人でした。

ターボは大学では建築を専攻し、卒業後は巨匠と言われる大物が率いる建築事務所に就職しました。建築に馴染めなかったというターボは、その後2003年にオープンした高級レストラン「リーバー・ハウス」の内装を監督する仕事に就《つ》きます。ニューヨークを代表するミッドセンチュリー・スタイルのランドマーク建築「リーバー・ハウス」の中にある、有名インテリアデザイナーのマーク・ニューソンが手掛けたレストランです。

2001年に起きた同時多発テロの影響が数年にわたってじわじわと続くなか、当時のニューヨークは好景気に沸いていたわけではありませんでしたが、それでも文化を引っ張っていたのはきらびやかで豪華絢爛《けんらん》な夢の物語を描いたラグジュアリーの世界でした。売れっ子デザイナーを雇って歴史的な名建築をリノベーションした「リーバー・ハウス」は、まさにその象徴的存在でもありました。この内装の仕事に関わるなかでターボが違和感を持ったのは、その歴史的ルーツをたどれば市民革命や産業革命と呼応し合いながら19世紀以前の様式建築に対する反省から生まれたはずのモダニズムが、現代に入って単に形式的なスタイルになり下がり、ラグジュアリーの世界でありがたがられる、というおかしな現実だったのかもしれません。

２００４年に彼がマンハッタンのロウワー・イースト・サイドに開いたレストラン「フリーマンズ」は、「モダニズム」という建築様式を外見だけ模するために多大なコストをかけて作られた、「リーバー・ハウス」の教訓から生まれたとターボは教えてくれました。

「『リーバー・ハウス』には1平方フィート（＝約0・09平方メートル）あたり１０００ドルのコストがかかった。馬鹿げているよ。そのときにモダニズムと決別しようと決めたんだ。完璧にモダンなレストランを作るより、欠点はあるけれど愛すべき人間のようなレストランを作りたかった。だから建築家として学んだことの逆を行って、欠点をそのまま残した『フリーマンズ』には、1平方フィートあたり40ドルのコストしかかからなかった」

「フリーマンズ」には、古いビルのあるがままの姿が活かされています。壁も剝《は》げているし、床も歪《ゆが》んでいたりする。けれど、何もかもが完璧である必要はない。そんなアイデアから作られているのです。「コンフォート・フード」と呼ばれる家庭料理をもとにしたメニューは、素朴で地味だけれど、味は温かい。そうしたことも手伝って、「フリーマンズ」はあっという間に行列のできるレストランになりました。

ターボが行ったのはそれだけではありません。Tシャツを皮切りに衣類のブランド「フリーマンズ・スポーティング・クラブ」を立ち上げ、店舗ではアメリカの各地に散らばる老舗《しにせ》メーカーが作る靴やアクセサリーを扱い、床屋「FSCバーバー」を開きました。

当時は、体にぴったりフィットするヨーロッパブランドの衣類と尖《とが》った革靴がまだまだ優勢で、男性のファッションを牽引していたのはゲイ人口でした。男性たちが散髪できる店といえば、女性用のサロンか街の旧来の床屋しかなかったときのことです。ターボのコンセプトは、自分の周りにいるコミュニティの男性たち、つまり週末にはキャンプに出かけ、百貨店やブティックで買い物をしたりサロンで散髪したりするのを嫌う、ストレートの男性たちに大歓迎されて、ビジネスとして大成功をおさめました。そして、アレックス・カルダーウッドがシアトルに生み出した「ルーディーズ」の後を追うように、ニューヨークでちょっとした床屋ブームを作り出しました。ターボ・ソマーが展開した3つのビジネスに共通する、廃材やヴィンテージの家具を使った無骨《ぶこつ》で温かみのある世界観は、それまでニューヨークで優勢だったバブリーな世界観と対立する新しい流れを作ったのです。

「責任ある食べ方」がニューヨークの食を変えた

ニューヨークで暮らしていて、最も大きく変わったことのひとつが食です。この過去の10年ほどのあいだに、バターとオイルをたっぷり使ったフレンチやイタリアンが主流だったニューヨークのレストラン業界は、近郊の農家で穫れる食材の味を活かした「ニュー・アメリカン」と呼ばれる素材料理にシフトしてきました。そんなムーブメントに大きな影響を与えたのが、ブルックリンでいくつものレストランを経営するアンドリュー・ターロウです。

マンハッタンの老舗レストラン「オデオン」でマネージャーをしていたアンドリューが、まだほとんど開発されていなかったブルックリン・ウィリアムズバーグの南端にレストラン「ダイナー」をオープンしたのは1990年代末のこと。それからアンドリューは、ウィリアムズバーグのレストラン「マーロウ&サンズ」、そこから徒歩圏内の精製食料品専門店「マーロウ&ドーターズ」と確実に店舗を増やし、今ではブルックリンで4店のレストランに加えて、「ワイスホテル」、パン屋「シー・ウルフ」、バー「アキレス・ヒール」を持つに至っています。彼が経営する店舗の内装は、どこも「フリーマンズ」同様、元の場所にあった構造を活かし、廃材をふんだんに利用したスタイルで、まったく気取ったところがありません。これもまた、モダンでゴージャスが主流だったバブル期のスタイルに対するアンチテーゼです。

アンドリューは、ニューヨーク近郊の農家と密接な関係を築くことで最も新鮮な食材を調達するのに成功し、各店舗のシェフたちは、その日入った食材をもとに、それぞれのスタイルで日替わりのメニューを考案します。たとえば「マーロウ&サンズ」の料理は先に述べた「ニュー・アメリカン」ですが、特に技巧を凝《こ》らすわけでもなく、シンプルな味付けと組み合わせで、旬の素材の自然なおいしさを引き立てるような調理に人気があります。ウェブサイトを見ても、声高に喧伝《けんでん》しているわけではありませんが、彼の肉に対するアプローチには興味深いものがあります。

「たとえばうちでは、牛をまるごと1頭購入します。無駄がないように各店舗のシェフで肉を分け、残った皮で靴やバッグを作ります」

肉は食べる、しかしどうせ食べるのであれば、責任を持って無駄なくすべてを利用する。それがアンドリューの提唱する食べ物との付き合い方です。彼が妻の

経営するレストランを通じて、動物の責任ある食べ方を提唱するアンドリュー・ターロウ。

ケイト・フリングとともに立ち上げた革製品や衣服、雑貨のブランドは「マーロウ・グッズ」と名付けられ、オンラインストアと「マーロウ&サンズ」の2階にオープンしたショップで売られています。食べるために殺した牛の皮はニューヨーク州北部で染められ、ニューヨーク市内の工場でバッグとして生まれ変わり、売りに出されます。

こう書くと簡単なことのように聞こえるかもしれませんが、これは牛が食肉処理されて食卓に並ぶまでの過程を考え直そう、という提案でもあります。農家が家畜を食肉処理場に連れていく通常のプロセスでは、皮は破棄されてしまいます。なぜなら、通常は食肉処理場にも、農家にも、皮を商品化するために乾かして貯蔵したり加工したりする施設がないからです。ですから、食材になる牛と革製品になる牛は、それぞれまったく別の世界に存在するのです。

「マーロウ・グッズ」では、動物を殺すことで出る皮や毛を商品化することで、食用の動物と革を調達されるために飼育される動物とをひとつの線で結ぼうとしています。ケイトはこう語ります。

「うちでは羊の毛を使ってカーペットを作っています。農家から買い取る羊毛は、よだれや糞や干し草にまみれた状態で、1ポンドあたり10ドルくらいで買えます。けれど、それをきれいにして糸に加工するのに、1ポンドあたり50ドルくらいのコストがかかるのです。農家にはそんな贅沢をする財力はない。だから、彼らを支援して、私たちの犠牲になる動物が無駄にならないやり方を考えたいのです」

これはアンドリューが考える「無駄を出さない、責任ある食べ方」を実践するものですが、同時に、自分たちが口に入れるものとのつながりを消費者に持ってほしいという気持ちの表れでもある、とケイトは言います。

「実際、革製品やカーペットのこういうストーリーを知ることで、うちのレストランで食事をする体験が、さらにちょっぴり特別なものになる。そういう体験を求める人が増えているのだと思います」

コストを最小限にし、利益を最大限にするなかで編み出されてきたメインストリームの方法論に反したやり方には、お金がかかります。「マーロウ・グッズ」では、たとえば牛皮を使った大判のトートバッグが480ドルです。これを安いと思うか高いと思うかは、考え方次第でしょう。けれども、このバッグを使うことで、「責任ある肉との付き合い」に小さなやり方で参加することができるのです。「マーロウ・グッズ」の製品を購入する人たちはそれをモチベーションに、このちょっと高い買い物をするのかもしれません。

アンドリュー・ターロウの功績は、素材の力を存分に味わえる場所をニューヨーカーに提供したことだけでなく、「食べることは生きること」という、しごく当たり前ながら、これまで利益を再優先する社会の中では忘れられがちだった、責任のある食との付き合い方を身をもって示していることにもあります。ウィリアムズバーグにあるサンドイッチ専門店「ソルティ」や、グリーンポイントに2013年にオープンした中東のフュージョン料理レストラン「グラッセリー」など、アンドリューの厨房《ちゅうぼう》で働いた経験のあるスタッフたちが、彼から引き継いだ価値観を自分たちの活動の場に拡大してきました。こうして、同じ価値観を共有する人たちのあいだで、いわば「意識のチェーン現象」が起きているのです。

消費動向の変化が社会に変革を求める

アメリカのメインストリームの消費のあり方や消費者と社会との関わり合い方に変化が見えていると、数字を示して提示する本があります。マーケティング大手の「ヤング&ルビカム」のジョン・ガーズマと、マイケル・ダントニオというフリーライターが共同で執筆した『スペンド・シフト――〈希望〉をもたらす消費』(プレジデント社)という本です。

2010年に出版され、2011年に日本語に翻訳されたこの本は、ヤング&ルビカム社が現在進行形で収集する50カ国以上、4万超のブランドに対する意識調査「ブランド・アセット・バリュエーター(BAV)」の結果をもとに書かれたものです。サブプライム危機を境に、消費行動をもたらす価値観が、ラグジュアリーや富から、企業責任や倫理、共感などに変わってきている、ということを示しています。ダントニオは「『より多く』から『よりよく』へ」と題された序章で、こう語ります。

「数字は、ほぼ三〇年にわたってアメリカ経済を牽引してきたこれまでの消費行動が、ついに廃れたことを物語っていた。成金趣味の豪邸、SUV(スポーツ用多目的車)、気晴らしのためのショッピングなど、過去数年間に広まった露骨な金満の証しに別れを告げよう。コミュニティ、つながり、品質、創造性を大切にしたライフスタイルを身につけよう……」

ガーズマとダントニオは、ブルックリン、デトロイト、サンフランシスコ、ラスベガスなど、全米の各地を歩き回って集めたケース・スタディを紹介したうえで、「行き過ぎの時代」が終わってから消費者の嗜好が変化したこと、つまり「スペンド・シフト」が、企業や社会に対して、持続可能、自給自足、社会的責任といった観点からの変容を要求しており、そこから資本主義の立て直しが起き始めていると主張します。『スペンド・シフト』には、コミュニティレベルから始まった様々な変革の試みが紹介されています。「ヒップスター」という言葉こそほとんど使われていませんが、スケートボードで自家製のピクルスを売り歩いて起業にはずみをつけたピクルス業者の「ブルックリン・ブライン」や、若い住民たちが主導したデトロイトの空き地を利用して有機栽培農園にする試みなど、ヒップスターたちによる挑戦も一部紹介されています。草の根レベルで起きているこうした変革が、消費動向の変化とともに生まれ、さらに大きな波を形成しているというのです。

著者のデータによると、「スペンド・シフト」の実践者は「極端な倹約家でも、キリスト教の禁欲主義者でも、ニューエイジの過激な反物質主義者でも」ありません。年齢層、学歴、支持政党、居住地域といった統計学的なくくりを超えて、アメリカ、さらには世界中の人々にこの動きが広がりつつあると述べるのです。

これまで紹介してきたパイオニアたちが始めたことは、まずは尖ったアンテナを持った人々に限定的に広まっていきました。そして彼らのやり方に影響を受けた層がまた新たなビジネスを始め、それがまた広がり、という形でムーブメントになったものが今、確実に加速して拡大しています。皮肉なことにその大きなきっかけになったのが、2007年からアメリカで始まり世界に波及したサブプライム危機でした。翌年の選挙でオバマ大統領が約束した「変革」がはたしてもたらされたかどうかは大いに疑問の残るところですが、歴史的な出来事をきっかけに、多くの消費者の嗜好に変化が起きたことは確かなようです。その変化の影響が今どういう形で現れているのか、以下に見ていきたいと思います。

第２章
食を通して生き方を変える

グルメになったアメリカ人

アメリカ人はデブで味オンチだと思っている人は決して少なくないでしょう。アメリカに暮らしたことがある日本人ならたいてい、「おいしいもの」と「ヘルシーな食べ物」の少なさにつらいと思ったことがあるはずです。私がアメリカに移り住んだのは1996年ですが、国の文化をリードするニューヨークでさえ、大枚《たいまい》を叩《はた》かないとおいしい食事にはなかなかありつけないような具合でした。

超有名シェフが厨房《ちゅうぼう》に立つ高級レストランでも、バターと砂糖をがっつり使ったこってりした料理が中心で、おいしいのは分かるけれど、一度食べるとうんざりしてしまうようなものが大半でした。都会を出ればさらに状況は悪く、田舎の大半のエリアでは、レストランといえばチェーン店のファストフードかいわゆるファミレス、運がよければ個人経営のダイナーに出会えるかどうか、というありさまだったのです。

一方、「ヘルシーな食べ物」の選択肢といえば、ヘルシー系の食材店またはマクロビオティックやベジタリアンのレストランくらいしかなく、そういう場所には自分たちより年上のニューエイジ系またはヨガ系の人々しかおらず、二つの世界のギャップにくらくらしたものでした。

　ところがこのギャップは、ここ数年のあいだにぐっと縮まったように思えます。私がアメリカの内陸を旅し始めたのは2004年頃ですが、当時はまだ数えるほどしかない自然食品系の店でナッツのたぐいを買い込み、田舎で何も食べるものがない場合に備えたものでした。初めてアメリカ全土を一周した2008年には、スーパーで買い物をしながらキャンプ場で自炊をするうちに、どういうエリアを目指せばそれほどひどくない食事ができるかを判別する術《すべ》を身に付けました。

　しかし2012年に二度目の全米一周をしたときには、状況はずいぶん改善されていました。「ホールフーズ・マーケット」のようなオーガニック食品に力を入れるスーパーや、近隣のオーガニック農場から得た食材を使うレストランといった、クリーンな食事の選択肢が増えただけでなく、モンタナの片田舎で立ち寄ったガソリンスタンドに添加物なしのナチュラル系ポテトチップスやエスプレッソマシンを発見して、アメリカも変わったものだと感慨深い思いをしたものです。

今、ニューヨークやサンフランシスコを訪れれば、味オンチだったはずのアメリカ人の食が10年前とはまったく違っておいしくヘルシーになったことを体で感じることができると思います。この「アメリカ人のグルメ化」の背景にはもちろん色んな理由があり一口に語ることはできませんが、まずは象徴的だなと感じる事象をひとつ紹介したいと思います。目下、ニューヨークのブルックリンで起きている、食のルネサンスです。

ブルックリンに花開いた食のアルティザン文化

かつてニューヨークのフリーマーケットといえば、週末にマンハッタン・チェルシーの一角で行われていた蚤《のみ》の市《いち》が一番盛り上がったものでした。ところが市が開催されていた場所に新築物件が建つたびに徐々に規模が縮小し、またプロのディーラーによる出店が増えて相場が上がり、私の足もなんとなく遠ざかっていました。そんななか2008年に始まったのが「ブルックリン・フリー」です。このマーケットはブルックリンのＤＩＹ（Do It Yourself：自分で作ろう）カルチャーのルネサンスとともに増えた、クラフトや廃材を利用した家具などを扱う少量生産の事業主たちをサポートするような形で、ブルックリンの週末を盛り上げてきました。

そんな「ブルックリン・フリー」が主宰する「スモーガスバーグ」というちょっと変わった名前のフリーマーケットがあります。通常の蚤の市のイベントに食関係のブースが増えたことに目をつけて、「ブルックリン・フリー」が２０１２年から食べ物だけの市を設けるようになったのです。近隣の農家が生鮮食品を直売するファーマーズ・マーケットとは少し違います。ピクルスやビーフジャーキーといった加工食品、ドーナッツやアイスクリームといった甘味類、麺類やサンドイッチといった軽食など、食関係の売り主がおよそ１００軒ほどブースを出す、食いしん坊にとってはたまらない週末のイベントです。

ベンダー（売り手）の多くが少量生産の作り手で、出店希望者が跡を絶たないことからオーガニックの食材や調理の工程にこだわったベンダーが多数集まっています。

特にウィリアムズバーグのマーケットは、そもそもエリアの注目度が高いうえにマンハッタンから渡ってきやすい便利なロケーションも手伝って、あっという間に人気に火がつき、今ではそれぞれのブースの前に長蛇の列ができる一大観光スポットに成長しました。

このマーケットを歩いてみると、ブルックリンに食のアルティザン（職人）文化が花開いていることがよく分かります。たとえば近郊の農園でとれたミルクや卵、フルーツを使った超自然派のアイスクリーム「ヴァン・リーウェン」、ストロベリー・バルサミコ・ジャムやスパイスド・ビール・ジェリーといった大人向けのジャムを作る「アナーキー・イ

ニューヨークの食文化の開花に一役買った、食専門のフリーマーケット「スモーガスバーグ」。
Photo：池田淳基

ン・ア・ジャー」、草を飼料に育った牛にこだわるビーフジャーキーの「キングス・カウンティ・ジャーキー」など、これまで「アメリカの味」と思われてきたステレオタイプを覆《くつがえ》すような、クリーンな素材を使った繊細かつユニークな味の食品に出会えるのです。多くの場合、ブースに立つのは生産者たち。ファーマーズ・マーケットに出かけるとその野菜や果物を作った農家の手から直接購入できるのと同じで、作り手との会話を楽しんだりレシピを教えてもらったりしながらジャムやジャーキーを購入できる体験が、このマーケットを特別なものにしています。

「アナーキー・イン・ア・ジャー」のレイナ・マッカーシーは、こうしたブルックリンの食文化の盛り上がりの中から登場したスターの一人です。大学で科学の研究方法について教えていたというレイナは、母親から教わったレシピをもとにジャムを作る趣味が高じて、自分が生まれ育ったニューヨーク州北部の農家を訪ねて最良の食材を買い求めたり農家からレシピを教え受けたりするうちに、少しずつジャムを作って売るようになりました。当初は友人が働くレストランの厨房の使っていない時間を「レントシェア（時間貸し）」で借りてジャムを作り、ブルックリンの北端に位置するグリーンポイントで２００９年に始まったフリーマーケットで売り始めたのです。

「そのマーケットで自分みたいに少量生産で食品を手づくりしているアルティザンたちに出会った。ニューヨーク市内のグルメ食料品店のバイヤーたちが、フリーマーケットで商品を探していた。舌の肥えた消費者たちが、既存のものとはひと味違うものを求めるようになっていたからだと思う」

スタートしてから一年も経たないうちにレイナのジャムはブレイクし、「ホールフーズ・マーケット」のような全米規模のオーガニック・スーパーからも注文が入るようになりました。どこかで充足感を味わえなかった当時の仕事を辞め、今では小売店のデモンストレーションに呼ばれたり、レシピ本を出版したりと、忙しく飛び回っています。

自分が自分のボスになって生活をコントロールする

成功してレストランのキッチンの片隅を借りることを卒業したレイナが今、ジャムを作っているところは、グリーンポイントのグルメ食料品店「イースタン・ディストリクト」の裏にある共同キッチンです。個人経営のアルティザンたちはブルックリンのそこここに点在する業務用の共同キッチンを借りて、コストを抑えながら食づくりをしているのだと言います。

「イースタン・ディストリクト」がオープンしたのも、2009年のことでした。この店を切り盛りするのは、ベス・リーワンドとクリス・グレイの夫婦。クリスは1990年代から自宅でのビールづくりを趣味にしてきた自称ビールオタクで、ベスは自他ともに認めるチーズマニア。テレビ局でウェブのプロデューサーをしていたベスはサブプライム金融危機によって職を失い、「他人の都合で将来を左右されることにうんざりして」自分たちのビジネスを立ち上げることに決めたと言います。色々考えた末に決めたのは、2人の好きなチーズとビールを出す店でした。「自宅からの徒歩圏内に、クラフトビールを買える店もチーズの専門店もなかった。この地域に足りないものがあるなら作ってしまおう、という発想でした」。

自分たちの暮らすブルックリンで何かが起きていると感づいたのは、店の開店準備を進めている最中、レイナも出店していたグリーンポイントのマーケットで少量生産の作り手たちに出会ったときでした。

「自分の暮らすエリアで新しい形の食料品を作ろうとする職人たちに出会って、ブルックリン産の食文化が開花していることに気がついた。それで彼らに、自分たちが始めようとしているビジネスに加わってほしいと感じました。ちょうど、アメリカ人が健康な食べ物やクリーンな原材料といったことに対して意識を向け始めた頃で、それが私たちみんなの追い風になった」

今「イースタン・ディストリクト」で取り扱っている商品の9割方が国内で、その大多数はニューヨークまたは近郊の州で作られたものです。レイナのジャムをはじめ、チョコレートやピクルス、ジャーキーなど、サブプライム危機以降に雨後《うご》のタケノコのように続々と生まれた食ブランドの商品もありますが、アメリカ国内で作られる生鮮食品やチーズも扱っています。会社員を辞めて起業するために、好きなチーズをもう一度学ぼうとフランスのチーズを専門に扱うビストロでしばらく修業したというベスですが、自身の店で扱っているチーズのほとんどは国産。ニューヨーカーがこれまで当たり前のように食べていたのは輸入のチーズでしたから、「イースタン・ディストリクト」のケースに並ぶアメリカ産チーズのバリエーションは意外でした。

ベスにアメリカのチーズの何がいいのか質問すると、ニューヨーク州北部で作られる「クニック」という銘柄のチーズを例に見せてくれました。ヤギのミルクとジャージー種牛のクリームをミックスして発酵させたチーズは、世界広しといえども「クニック」だけ。この組み合わせは、新しい創作が奨励されるアメリカならではのクリエイションだとベスは言います。「フランスはルールと伝統を守る国。アメリカのチーズづくりにはルールや伝統がないから自由がある。だから工夫ができるし、これまで食べたことのない味に出会えるんです」。

「イースタン・ディストリクト」の、チーズやブルックリン産の食と並ぶもうひとつの柱はクラフトビール。90年代に自宅でのビールづくりに目覚め、そこからクラフトビールの世界にのめり込んだというベスの相方クリスは、少量生産の手づくりビールの世界が今どんどん豊かになっていると教えてくれました。この店では、そうした超小規模のメーカーが作るビールをドラフトで販売しています。「趣味でビールづくりを始めて、そこから少量生産のクラフトビールの作り手になる人々が増えている。缶や瓶にならない小さなブランドのビールに、これまで飲んだことのないような味のものを見つけることも多い。この店でしか飲めないものもある」とクリス。

2人が店をオープンするきっかけになった、「好きなものを提供してくれる場所がないならDIYで作ろう」という発想は、ブルックリンに花開いている食のアルティザン文化、また近隣エリアで行われるチーズやビールづくりの現場の根底を支えている重要な精神です。

食のアルティザンたちが多数登場し、フリーマーケットや「イースタン・ディストリクト」のような新世代のグルメ食料店がそれを支援し、食の商品を提供する作り手のコミュニティが大きくなっていく。その背景には、企業やレストランのために働くのではなく、自分が自分のボスになることで自身の労働環境や勤務時間をコントロールするという、ライフスタイルの選択もあります。

外食産業の労働環境は本来、長い労働時間で過酷な業務内容など厳しいものとして知られてきましたが、少量生産の製造文化が登場したことで、食の分野に進みたい新世代に働き方の新たな選択肢が増えたのです。つまり、共同の厨房を使ってコストを抑えながら、同じコミュニティに属する仲間たちと支え合って新しいマーケットを開拓していくという流れが、これまでアメリカで主流だった企業主導型のやり方に新しい風を吹き込んでもいるのです。

地産地消の思想と結びついて生まれた屋上農園

食の分野で最近「locavore（ローカヴォア）」という言葉を耳にします。自分が暮らす地域（理想的には半径100マイル＝約160キロ以内）から食料を調達するという主義を実践する人を指す言葉です。この言葉が登場したのは、ブルックリンに先駆けて1990年代からファーマーズ・マーケットの文化が盛り上がりを見せていたサンフランシスコです。「その地域のものを、その旬の季節に食べよう」というマクロビオティックの考え方からもきていますが、食料を運搬することによって発生する環境コストをなるべく低く抑えようという、環境保護の観点からも支持される考え方で、これが今、ブルックリンで盛り上がる食のアルティザン文化の根底にも流れています。

２０００年代前半、第一次オーガニック・ブームとも言えるべき波をアメリカが迎え、１９８０年代にテキサスで生まれた「ホールフーズ・マーケット」が有機栽培の野菜や果物を中心に品揃えしたスーパーとして人気を博し、どんどん店舗を増やしていた頃、人々がオーガニック食品にシフトするうえで一番の障害は、その価格の高さでした。けれども今、周辺地域の有機農園が作るヘルシーな食料を比較的リーズナブルに調達する方法の選択肢が確実に増えています。

そのひとつが、現在ニューヨーク市で急激に増えている屋上農園です。そもそも個人が屋上を菜園にするという行為自体は19世紀後半から存在したようですが、２０００年代前半に地球温暖化が騒がれた頃から、市内の緑地を増やすことで温室効果ガスの排出を減らし空気を浄化するアイデアのひとつとして、その可能性が取り沙汰されるようになりました。今ではすっかり一大観光地となったニューヨークの「ハイライン」も、廃線になっていた高架鉄道路を公園としてリニューアルするアイデアが浮上したとき、市内の南北に緑のエリアを増やすことで長期的に温室効果ガスの排出を減らせるという考え方が、施策を後押しする要因のひとつになったのです。

話をもとに戻すと、大気汚染や温暖化への対策として描かれた物語が、「ローカヴォア」たちの地元で作られる食材への強い関心と結びついて生まれたのが、商業的な屋上農園でした。市内の渋滞と環境汚染を減少させることを任期中の大きな目標として掲げたブルームバーグ前市長の施政下で、「グリーン・インフラストラクチャ・グラント・プログラム」という助成金が出されたことも後ろ盾のひとつになりました。

ニューヨーク市内で最初の成功例のひとつとして知られる「ブルックリン・グランジ」は、マンハッタンとクイーンズをつなぐクイーンズボロ橋を渡ったロング・アイランド・シティのビルの屋上で、およそ4万3000平方フィートの菜園を経営しています。広さで言ってもピンとこないかもしれませんが、ここではトマトやレタス、ピーマン類などの有機野菜が年間に1万8000キログラム相当収穫されます。「ブルックリン・グランジ」も、それと並んで代表的なグリーンポイントからスタートした大型屋上農園「ゴッサム・グリーンズ」も、準備が始まったのは金融危機とほぼ時を同じくする2008年、本格的な収穫が始まったのは2010年から2011年にかけてでした。

ニューヨークのような大都会で農業をする。少し前だったら想像もできなかったことが、いま現実になっています。意外にも、都会の農業には多数の利点があることが分かったのです。生産者側からすると、ビル風など田舎での農業にはない難しさはあるけれど、他方で害虫が劇的に少ないために、有機農業を行うには都会は適しています。市からすると、こうした屋上の農園には、その存在自体によって空気を浄化したり温暖化を軽減したりする効果を期待できますが、地元のレストランやスーパーに野菜を卸すためにサプライチェーンが短くなり、市内の輸送トラックが減るなどの環境コスト低下も見込めます。かなりの数の雇用創出が予想できることも、歓迎すべき点のひとつです。

消費者からすると、サプライチェーンの短縮によって野菜の価格はリーズナブルに抑えられるし、何よりも口に入る野菜のクオリティが確実に上がりました。市内の屋上農園が増えたことで、「ホールフーズ・マーケット」のようなオーガニック野菜を売りにした店だけでなく、大型チェーンのスーパーにも有機野菜が増えるようになったからです。

もちろんリスクがないわけではありません。都会の農業というと、土壌や大気の汚染の影響などが気になるところですが、農業の従事者や農作物を食べる消費者の健康への影響は、外の土地から汚染されていない土壌を調達したり、大気汚染の影響を受けにくい品種を栽培したりするといった方法で抑えることができます。

都会の屋上農園は、環境や食についての意識が高い都会のインテリやヒップスターたちに有機栽培の農作物を提供するだけでなく、デトロイトのように貧困が問題となっている地域、ひいては世界中

ニューヨーク市内で増加の一途をたどる屋上農園。写真は「ゴッサム・グリーンズ」。現在は市内に3カ所あり、その広さは合計15,000平方フィート以上にもわたる。

のスラム化した都市部で、貧困層の食料調達の負担を軽減する方法として、その可能性に注目が集まっています。

生産者と消費者を直接つなぐ地域支援型流通システム

実際の収穫が始まるまでは夢物語のように語られていたニューヨークの屋上農園ですが、「ブルックリン・グランジ」や「ゴッサム・グリーンズ」の成功で、現在その数が増えています。こうした屋上農園がニューヨーカーの食卓事情を変えたのは、レストランや小売業者を通じてだけではありません。屋上農園の多くは消費者が野菜を直接買い求めることのできる日を定期的に設けていたり、CSA（Community Supported Agriculture：地域支援型農業）と呼ばれるプログラムを行っていたりします（先に紹介した「イースタン・ディストリクト」でも、周辺地域の農家や牧場と提携してCSAをサポートしています）。

CSAは「食の定期購買」とでも言えばいいのでしょうか。プログラムに参加して、毎週、毎月と決まった額を前払いすると、定期的に農家や牧場から新鮮な食材が届きます。農場から運ばれる食材は指定のピックアップ場所に届きますが、その場所は、コミュニティ精神の強いオーガニック系のカフェやグルメ食材店であることが多いようです。箱の中身を選ぶことはできませんが、その時々の旬のものが、出どころのはっきりした有機農場から届くうえに、大型流通に乗らないぶん、価格は小売業者やスーパーで買うよりもリーズナブル。生産者からすると、定収入が得られるために経営の安定に役立ち、消費者からしても、自分のエリアに住む小規模の生産者を支援することができるというシステムです。

実はこのCSAの起源は、日本で1960年代に始まった「生活クラブ」のような産直提携の仕組みにあると言われています。この考え方がヨーロッパなどに広がり、アメリカでは80年代にロヴィン・ヴァン・エンという人がマサチューセッツで最初のCSAを創立したのをきっかけに徐々に広がったものですが、特に近年になって、古くからのオーガニック・コミュニティの外に運動が広がるようになりました。

たとえば「イースタン・ディストリクト」が提携するペンシルバニア州の農場のC

SAの場合、緑黄色野菜や根菜などがほどよくミックスされた季節の野菜が4～8種類、家族2～3人が食べられる程度の量で、5週間95ドル、つまり1週間あたり19ドル（2000円程度）のサービスになります。卵やパン、鶏肉といったオプションも付けることができます。

最近では、魚のCSA（厳密に言うとCommunity Supported Fishery＝地域支援型漁業。CSF）も登場しました。「イースタン・ディストリクト」をはじめ、ニューヨーク市内で20カ所以上もあるピックアップ場所に魚を届けるCSFの「ヴィレッジ・フィッシュモンガー」の料金は週に30ドル。その週に獲れた旬の魚およそ2ポンド（1ポンドは約450グラムなのでおよそ2人×2食分）が届きます。

「ヴィレッジ・フィッシュモンガー」は、これまでいくつかのスタートアップ企業に関わった男性2人と元弁護士という、若者3人組が始めたサービスです。魚のイラストの上に手書き風の書体で構成される、最近ブルックリンやポートランドでよく見るスタイルのロゴが入った洗練されたウェブサイトには、こう書かれています。「ヴィレッジ・フィッシュモンガーは、ローカルで責任ある方法で漁獲されたシーフードだけを扱う、サステナブルな漁業者です」。サイトには、どこの漁場と取引しているか、その日何が獲れたかといったことを写真付きで紹介しているだけでなく、それぞれの魚についての解説やレシピなども掲載されています。

こうしたCSAやCSFのプログラムは、今アメリカの各地でどんどん増えていますが、消費者が自宅の近くでこれらのプログラムを探し、農家や牧場が消費者と直接つながることを支援するサービスがあります。全米25州の300以上の農家にサービスを提供する「ファーミゴ」です。

「ファーミゴ」のウェブサイトには、「より良い食料システムを」というバナーの下に、次のようなちょっとショッキングな統計が掲載されています。

「農家の手に渡るのは、農作物価格の1ドルあたりわずか9セントで、残りの91セントは、サプライヤー、プロセス（加工）業者、中間業者、マーケティング業者に渡る」

「平均的な人参が調理されるまでに旅する距離は1830マイル（≒約3000キロ）」

「食料の35％は輸送の過程で廃棄される」

「ファーミゴ」は地元の消費者とCSAをつなぎ、サイトを通じて登録作業や集金の手続き、データ管理などを請け負って、売上の2%を農場から徴収します。農場からすると中間業者に取られるコストは一切なく、限りなく原価に近い値段で食料を消費者のもとに直接届けることが可能になるのです。アメリカの物価は1980年以降、2009年の例外を除けば、もう20年以上インフレ基調にありました。農務省が発表するデータによると、原油価格などに左右されて、食料の相場は今も右肩上がりに伸び続けています(アメリカ農務省「CPI Historical Data, 2005-2011」、2014年)。そんななか、CSAはアメリカの農作物の価格の現状を少しずつ変えていく可能性を秘めています。インターネットをうまく利用した「ファーミゴ」のようなサービスが、農業の世界に希望の光をもたらしているのかもしれません。

アリス・ウォータースが広める「食べられる校庭」

ここまで、アメリカの食事情が少しずつですが変わってきていることを見てきました。「よりおいしいものを」の背景に広がっているのは、「よりヘルシーなものを」「よりローカルなものを（地産地消）」「より責任ある食べ方を」といった価値観です。ブルックリンやサンフランシスコ、ポートランドといった、リベラルな都市で起きている食文化の革命の恩恵は、オーガニック食品を日常的に購入したり、「マーロウ＆サンズ」のようなレストランで外食したりすることができる財力のある、中産階級以上の人々だけが享受できる贅沢《ぜいたく》だ、という指摘もあります。

実際のところ、有機栽培で作られる食品の価格は、そうでない「コンベンショナル（従来の）」と呼ばれるものに比べるとどうしても割高なので、2007年以降の不景気中には、消費者が節約に走ったことで多くの有機農園が危機に追い込まれたと言います。体に良い、清潔な方法で作られる食材が、中産階級以下の層に届きにくいという現実はたしかに否定することはできません。

とはいえ、リベラルな知識層やヒップスターたちが主導する食の革命が、中産階級以下の人たちや未来を支える子どもたちにも届くように運動をしている人もいます。今、その運動の先頭に立っているのが、カリフォルニア州バークレーでレストラン「シェ・パニース」を経営するアリス・ウォータースです。アリスは、ソローやエマーソンがビートニクスに思想の下地を提供したように、食の分野でアンドリュー・ターロウのような人が出てくる土壌を1970年代から耕してきた、彼らよりさらに先輩のパイオニアです。

彼女が「シェ・パニース」をオープンしたのは1971年のこと。オーガニック、スローフードといった用語が浸透するずっと前のことでした。「シェ・パニース」は、今や北カリフォルニアで最も予約が取りにくいレストランのひとつですが、開店当初から、有機栽培で作られた食材を、農家が求める価格で購入してきました。そこには、一番おいしい食材は、未来の世代のために土壌を守ることを念頭に置きながら農業を営む人たちの手によって、有機的な方法で作られるべきものだ、という哲学があります。この考え方は、今こうやって説明すると当たり前のことに聞こえるかもしれませんが、当時の世の中では革新的なもので、後続のシェフや農家に大きな影響を及ぼしました。

アリスがこの考え方に行き着いたのは、若い頃にフランスを訪れ、食が人々の生活に根付いていることを体感したからだと言います。「人々が、一番新鮮な食材を手に入れるために、日に二度マーケットに出かけ、子どもたちが口に入れるものに注意を払い、食材がどこからやってくるのかを考えながら生きているのを見て、食はライフスタイルなのだと気がつきました。『シェ・パニース』をオープンしたのは、自分もそういうふうに生きたいと思ったからです」。

彼女はさらに、北カリフォルニアで60〜70年代に花咲いたヒッピー文化、仏教などの影響によって培《つちか》った考え方を、自分のレストランを通じて表現していきました。

「体にいい食料を作ること、未来の世代のために土地を大切にすること、旬のものを食べること。栄養を考えること、こういった価値基準は、何も私のオリジナルでも、新しい考え方でもありません。ファストフード文化には、せいぜい60〜80年くらいの歴史しかない。その文化に慣れてしまえば、ファーマーズ・マーケットで売られる食材を高いと思ってしまう。そのおかげで、食べ物は安くあるべきという考え方が広がってしまいました。食べ物の価格を下げるのには無理があります。食べ物が安かったら、誰かがどこかで損をしているということなのです」

自分のレストランという持ち場を超えて、アリスがいま推進しているのが「エディブル・スクールヤード（食べられる校庭）」という名のプロジェクトです。このプロジェクトのターゲットは全米、さらには世界中の児童たち。そもそもは、地元バークレーの学校の敷地が無駄になっているのを見た彼女が、それを畑にして農作物を作り、子どもたちの給食を無料で提供するというアイデアを提案したことがきっかけになり、１９９５年に始まりました。カリキュラムに農業を組み込み、農作物がどうやって作られるのか、それをどう調理するべきか、またそこからどんな栄養を摂《と》ることができるのかなどを小学校の児童に教えることで、幼い頃から食に対する関心や知識、責任感を植え付けようとします。このモデルを取り入れる学校は、今や全米で３０００校以上にのぼります（２０１４年６月現在）。

　彼女は今、バークレーでの成功を全米規模に広げるべく、様々な活動を積極的に行っています。その大きな理由のひとつは、「バークレーのケースで、子どもたちの吸収の速さが分かったから」だと言います。これからの地球の未来を託す世代に直接働きかけようとする運動ですが、学校と地元の農家がサポートし合うような枠組みを作って、世界中の子どもたちが学校で食べる給食をすべて無料化することを究極の目標に置いています。子どもたちが経済の仕組みを理解するよりも前に、食べ物の価値を教えることに主眼を置くのです。

「子どもたちの感覚は、私たちよりもよっぽどオープンです。食べ物を作るためにどれだけの労力がかかっているか、食べ物の価値を体で覚えれば、それにしたがってお金の使い方を覚えるはずです。そして家族や友人とテーブルを囲むことで、人の話に耳を傾けたり、他者と何かを共有したり、社会性を身に付けたりしていく。食次第で変わるのは、食べるという行為に限ったことだけではないのです」

「エディブル・スクールヤード」で学校教育から食の改革を起こそうとするアリス・ウォータース。

アリスの厨房を卒業した人たちが、世界の各地でレストランを開き、彼女の哲学を受け継いでいます。「シェ・パニース」で食事をして、また彼女の本を読んで、開眼した人もいるでしょう。アリスに、食の未来をどう描いているか訊《き》いてみました。

「ファストフード文化は、世界の隅々まであっという間に広がりました。だから、食の改革は急務です。『エディブル・スクールヤード』では、子どもたちが新鮮な食に反応する速さを実感しました。過去5年で、若い人たちが問題の深刻さを理解して、未来の子どもたちのために、食文化を改善しないといけないと思うようになってきたのを感じています。地球とより親密な関係を築きたい、農業に携わりたいと思う人が増えている。だから私は希望を感じています」

第3章

足元を見つめ直してモノと付き合う

「ブラック・フライデー」で加熱する極端な消費主義

私がアメリカに来た頃、つまり1990年代後半、アメリカで作られたものを国内で探すのは容易なことではありませんでした。アメリカのブランドの多くが生産の拠点をよりコストの低い海外に移し、国内の製造業はどんどん衰退する一方でした。モノが安くなる反面、消費することこそが経済を牽引《けんいん》するという考え方が蔓延《まんえん》していました。ところが最近、消費についての考え方に変化が起きています。

その変化が起きる前の、消費に対するアメリカ人の考え方については、先に紹介した『スペンド・シフト』でもこう書かれています。長くなりますが、いま起きていることを理解するのには必要なポイントだと思うので、ここに紹介します。

個人消費が経済に占める比率はなぜ拡大したのだろうか。大きな原因は、製造業が外国メーカーに浸食され、アメリカが輸出国から輸入国へと転じたことだ。(中略)アメリカは、中東の原油、韓国のエレクトロニクス製品、チリの果物ほか、世界中の産出物の主な消費国となった。生産から消費への軸足の移行は、工場が閉鎖になってショッピングセンターが興隆する様子からも見てとれた。大小を問わずどの町でも、まずは大手小売りチェーンの新店舗がオープンし、続いてレストラン、映画館、日焼けサロン、そのほか無数の店がハイウェイ沿いに軒を連ね、わたしたちは財布のヒモを緩めつづけた。

これらの小売り活動のおかげで、アメリカ経済は豊かで活気に満ちているという見方がしばらく続いた。株価や不動産価格の高騰《こうとう》、さらには金利低下や金融分野の規制緩和を受けて、世にも不思議な借り入れ方法が無数に生まれた。貸し手がローン契約を増やそうとして与信基準をひたすら緩和していったため、個人、世帯、政府は凄まじい勢いで支出を続けた。その結果、対GDP比で見た法人・個人の借り入れ総額は一九五一年から現在までに二倍超に膨れ上がった。

そしてついに、預金と信用枠が底を突いて熱狂を支えきれなくなり、大不況が襲ってきた。

こうやってサブプライム金融危機が起き、リーマン・ブラザーズが破綻《はたん》して、1930年代の大恐慌《だいきょうこう》に比べられるような未曾有《みぞう》の不景気が襲ってきたことは、みなさんご存じのとおりです。消費は善きこと、との盲信のもとに、アメリカがこれまで買い物に買い物を重ねてきたことも、危機の原因のひとつだったのです。

サブプライム危機以前にアメリカで起きていた大量生産主義と極端な消費主義の流れは、アパレルの世界も例外ではありませんでした。車やその他の消費財と同じように、多くのブランドが大量生産による利益の最大化を実現するために、生産の拠点を人件費が安い海外、特にアジアに移すようになったのです。そのため、リーバイス、コンバース、ラルフ・ローレンといったアメリカのアイコン的ブランドの商品の大半に、たとえば「メイド・イン・チャイナ」のタグが付くようになり、どこの百貨店もモノにあふれ、売れ残った余剰の物資は年に何度かの大商戦の際になかば叩き売られるようにさばかれるか、郊外に登場した大型アウトレットモールなどに流れるようになりました。

そんなアメリカ的消費主義を最も象徴する現象は、「ブラック・フライデー」と呼ばれる日から始まる年末商戦です。アメリカの年末のホリデーシーズンは、11月の第3木曜日または第4木曜日に祝われる感謝祭から始まります。言葉の起源には諸説ありますが、感謝祭翌日の金曜日を年末セールの戦いの火蓋《ひぶた》が切られる「ブラック・フライデー」として、そこからクリスマスまでの約1カ月のあいだ、多くのアメリカ人が一年に一度の大幅な割引を利用して、クリスマス・ショッピングに身を投じてきました。歴史をさかのぼれば、感謝祭は収穫と家族の存在に感謝するための祝日だったはずです。それがいつしか消費を煽《あお》る企業主導の文化の中で、景気の命綱とも言える日になってしまったのです。

1970年代にフィラデルフィアで生まれ、後に全米各地に広がったということの「ブラック・フライデー」ですが、ショッピングセンターの業界団体である国際ショッピングセンター協会（ICSC）によると、この日が買い物客が年間で一番多い一日になったのは、2003年のこと。また全米小売業協会（NRF）のデータによると、以降客足は増え続け、2006年には1億4000万人だった買い物客の数は、2012年には2億4000万人を超え、この一日で消費される額は、たとえば

2003年の344億ドルから、2012年の590億ドルへと増えています。多くの小売業者が1月から感謝祭までは赤字で運営し、年末のほぼ1カ月で黒字を叩き出すと言われるのも納得です。

また2005年には、NRFが「ブラック・フライデー」の翌週月曜日をオンラインで買い物をするための「サイバー・マンデー」と名付け、さらなる消費熱を煽りました。もうこの何年も全米レベルで加熱するばかりの「ブラック・フライデー」ですが、2011年には、功を急ぐスーパーのメガチェーン、ウォルマートが感謝祭当日の木曜日「グレー・サーズデー」にも店を開けることを決め、同業のターゲットやシアーズ、Kマートなどがこれに続きました。

消費支出はアメリカの経済活動のおよそ70%を占めるうえに、消費はアメリカ経済の健全性を示す重要な指針だと喧伝《けんでん》されてきました。日本でも、ウォルマートやターゲットといった量販店の売り場に開店とともに雪崩《なだ》れ込む買い物客の映像を見たことがある人もいると思います。実際のところ、買い物客が店員に暴力を振るったり店員が怪我《けが》をしたりというニュースを目にすることが、最近では当たり前のことになっています。2008年にはウォルマートの店員が買い物客の下敷きになって亡くなる事故さえ起きたのです。

そんな流れに対して、「消費は善きこと」という風潮に疑問を呈する声が出てくるようになったのは、いわば自然なことだったのかもしれません。たとえば、アメリカと同様に「ブラック・フライデー」を盛大に行っていたカナダで1990年代に発生した「バイ・ナッシング・デー（買わない日）」運動は、2000年代に入って少しずつ注目を浴びるようになりました。

売りながら「買うな」とうたった異例のキャンペーン

2011年、アウトドア・ブランドの「パタゴニア」が、「ブラック・フライデー」にあたる11月25日の『ニューヨーク・タイムズ』紙に「Don't Buy This Jacket（このジャケットを買わないで）」という広告を打ちました。オーナーのイヴォン・シュイナードは、実は2004年にも「Don't buy this shirt unless you need it（必要でないかぎり、このシャツは買わないで）」と題するエッセイをウェブサイトに発表し、「アメリカに暮らす我々の多くは、多くのものに囲まれ、物質的に豊かだと思われている状況に生きている。でもそれは現実ではなく幻想だ。我々が生きているこの経済は『充分ではない』という考え方に特徴づけられている」と、消費主義への警鐘を鳴らしていました。

以来3年間、「パタゴニア」は感謝祭になると「Don't Buy This Jacket」の広告を出し続けてきました。でもそれだけではありません。消費主義の中で「家族と過ごす日」から「買い物をする日」になってしまった感謝祭に、開店しないことをあえて宣言し、「Reduce（減らす）」「Repair（修復する）」「Reuse（再利用する）」「Recycle（リサイクルに回す）」「Reimagine（再考する）」という5つの「R」を提唱するキャンペーンも始めました。「Reduce」では、運動に参加する顧客に「必要のないものは買わない」という約束に署名するように求め（もちろん拘束力はありませんが、象徴的な誓いとして）、「Repair」では顧客の買ったものの修理を請け負い、「Reuse」ではオンラインオークションの「イーベイ」と協力して、パタゴニアの商品を売買できる専門店を、また「Recycle」では古くなった商品を回収する仕組みを作り、「Reimagine」では、この取り組みに参加した顧客にアイデアを提案するように求めたのです。

少し話を戻すと、「パタゴニア」だって衣類のブランドですし、非営利団体ではないのですから、衣類を売りながら「買うな」というキャンペーンを張ったことは、最初の年には物議をかもしました。けれども、過剰な消費主義を減速させようというメッセージに共鳴する人たちは決して少なくないのでしょう。近年になって、これは大きな波の一部なのかもしれないと思わせる兆《きざ》しがいくつか出てきたのです。

「ギビング・チューズデー」が大量消費に投げかけた疑問

行き過ぎた消費主義に対するブレーキは、少しずつですが至るところで踏まれ始めました。ターゲット、ウォルマートといったチェーンのディスカウント量販店が感謝祭にも開店する一方で、「うちは感謝祭は閉店します」と声を上げて閉店を貫く小売業者が出てきました。たとえば百貨店の「ノードストローム」は、そのフェイスブックページに「(この日に)売り場を装飾することはしません。なぜなら、休日を1日ずつ祝う習慣が好きだから」と書き込みました。電化製品を扱う「PCリチャード&サン」も、「感謝祭を守ろう」という新聞広告を打ちました。

「グレー・サーズデー」「ブラック・フライデー」に抵抗するキャンペーンも多数登場しました。たとえばクレジットカードの「アメリカン・エキスプレス」は、2010年の感謝祭の週末の土曜日を「スモールビジネス・サタデー」と銘打って、チェーンではない個人経営の小売店（スモールビジネス）で10ドル以上の買い物をすれば、10ドルのクレジットを得られるというキャンペーンを行いました。大企業が行う広告キャンペーンの一環とはいえ、チェーン系商店やオンライン業者との競争で個人商店が生き残ることがますます難しいこの時代にあって、あえてスモールビジネスで買い物しようというこの呼びかけは、ツイッターやフェイスブックといったSNSを通じて拡散していきました。2013年にはオバマ大統領が、スモールビジネスを支援することの重要性をツイッターで表明したうえで、ワシントンDCにあるインディペンデント本屋「ポリティクス&プロース」に娘2人を連れて買い物に出かけ、家族のための本を購入しました。

ニューヨークの非営利団体「92Y」が国連基金と協力して2013年に作った「ギビング・チューズデー」というポータルサイトも、「ブラック・フライデー」に対抗するものです。これは感謝祭明けの翌週の火曜日に「与えること」、つまりチャリティに参加したり寄付したりすることを考えようというキャンペーンです。このウェブサイトには、「インフルエンサー（影響力ある人々）のチーム」として、この団体の設立に関わったりアイデアを提供したりした大学教授や作家、ジャーナリスト、フェイスブックのようなIT企業の役員などが名前を連ねています。

キャンペーンの立ち上げにはアメリカきっての慈善家として知られるビル・ゲイツとメリンダ夫妻が「Why We Give（なぜ私たちは寄付するのか）」と題したエッセイを寄せました。「ホリデーショッピングから手を引いて、ギビング・チューズデーに注目してくれてありがとう」と始まる文章で、貧困地域の子どもたちやコミュニティを助けるための慈善団体を4つ選んで推奨しています。この「ギビング・チューズデー」は政府を巻き込むことに成功し、大統領の特別補佐官ジョナサン・グリーンブラットがホワイトハウスのウェブサイトで「ギビング・チューズデー」について寄稿しました。

同年にはデトロイトでも、老舗《しにせ》時計ブランド「シャイノラ」の音頭取りで「メーカーズ・マンデー（作り手の月曜日）」というキャンペーンが登場しました。メッセージは簡単。アメリカで製造されている商品を買おう、というものです。「メーカーズ・マンデー」のサイトを訪れるとこんなメッセージがあります。「買い物ではない。投資だ。アメリカ製の商品を買うという行為は、アメリカの雇用を創出する。アメリカの有権者全員がメーカーズ・マンデーに10ドル使えば、24億ドルになる。一日にしては悪くない」。

その声明の下には、アメリカ国内でモノを作っているアパレルから文房具店まで、様々なブランドやメーカーのリストが延々と並んでいます。この中には、「フリーマンズ・スポーティング・クラブ」のような最近のブランドもあれば、レザージャケットでお馴染みの「ショット」のような老舗もあります。いずれにしても、アメリカの製造業が衰退したと言われて久しいこの時代に、まだこれだけの数のブランドがアメリカ国内で製造をしていると知れば驚く人も多いはずです。

この声明文は、もしかしたらアメリカ愛国主義的に聞こえるかもしれません。けれど今、遠い異国で安価に作られたモノよりも、少し割高でも近くで作られたモノを買おうという考え方が支持される背景には、自分の周りのコミュニティや地域経済を支えよう、すなわち自分が消費することで支える相手は、できるだけ近いほうがよいという考え方があります。そしてもうひとつ、サプライチェーンをなるべく短く、つまり商品が動く物理的距離を短くすることで、環境コストをなるべく減らそうという考え方もあるのです。

今まで強く信じられてきた「大量消費＝善きこと」という定説に疑問を投げかける人々が増えるなか、２０１３年の「ブラック・フライデー」の週末は、２００９年以来初めて前年比での売上の下落が記録されました。ＮＲＦの調査によると、アメリカ人がこの週末にした買い物は前年と比べて２・９％、５７４億ドルも下落したのです。サブプライム危機が起きてからも強気の消費行動を続けてきたアメリカ人の意識に、実際のところ変化が起きているのかどうかが分かるのには、まだまだ時間がかかるのかもしれません。

公益に企業の価値を見出す新しい企業の形

ところで「パタゴニア」といえば、2012年1月に企業形態を「Bコーポレーション」に変更したことを明らかにしました。株式会社や有限会社に加えて、近年になって新しく登場した法人の形態です。「Bコーポレーション」の「B」はベネフィット、つまり利益・利得を意味する言葉の頭文字で、その名には公益を考える企業という意味が込められています。この概念を提唱したのは、スタンフォード大学の元学友3人組が2006年にペンシルバニア州で設立した非営利団体「Bラボ」。創立者のジェイ・コーエン・ギルバートとバート・ホウルハンは、スニーカーのブランド「アンドワン」を立ち上げた人物で、そこにアンドリュー・カッソイが加わりました。

株式会社が株主の利益を再優先に考えるのに対して、彼らが提唱した新しい企業形態は、企業の社会的責任を評価して、当該企業が「Bコーポレーション」としての基準を満たしているかどうかの認定を行います。「Bコーポレーション」としての認定を受けるためには、「Bラボ」が定める社会的・環境的使命、社員やコミュニティに対する責任などについての条件に合わせて定款《ていかん》を改定し、年会費を納めたうえで、年に2回「Bラボ」が求める調査書に返事をし、それをもとに「Bラボ」が発行する「Bインパクト・レポート」を一般に公開しなければなりません。このレポートでは、当該企業が「ガバナンス（管理）」「労働者」「コミュニティ」「環境」という4つの分野で、たとえば社会的・環境的基準を満たす運営方法、社員が受けられる福利厚生の内容、社員の中のマイノリティや女性の比率、製品に使っている素材の環境的価値などが採点されます。

とはいえ、アメリカの企業を拘束するのは州法ですから、非営利団体である「Bラボ」の認定自体に法的拘束力はありませんでした。けれど、彼らの啓蒙活動は徐々に実を結び、2010年にメリーランド州が「Bコーポレーション」を新しい企業の形態として認める法案を通過させたのを皮切りに、今では、ニューヨーク、カリフォルニア、バーモント、コロラドなど、リベラルな価値観が優勢な民主党の支持基盤を中心に、州法で認める企業形態として認知されるようになっています。

近年、企業の社会的責任や社会貢献を求める声が大きくなり、労働環境や自然環境に対する配慮といったことが評価の軸に加わるようになってきたとはいえ、株主に対する責任と社会に対する責任とが必ずしも折り合わないことが企業の社会的責任追及の妨げになってきました。それに対するカウンター、つまり企業の存在価値は最大限の利益をあげることだけにあるのではないという思想から、「Bコーポレーション」という形が生まれたのです。

「Bコーポレーション」の認定で審査されるのは、オフィスのエネルギー消費を抑えるためにどんな努力をしているか、カフェテリアで提供する食材をどこから調達しているか、コミュニティや従業員のためにどんなことをしているか、などです。こういうことを考慮することは、今の時代に登場してきたヒップスター的価値観の中では当たり前のことになっています。ブルックリンを代表する企業として名前が挙がることの多いオンラインのクラフトマーケット「エッツィ（Etsy）」では、従業員に自転車を貸し出す、食料は地域のスモールビジネスから調達する、生ごみを地元の庭園に寄付するといった努力をしていますが、こういったことが評価の対象になります。「Bコーポレーション」を企業形態として選択し、州や「Bラボ」の認定を受けるということは、自分たちのターゲット層に「公益を重視します」と宣言することでもあるのです。

２０１４年6月の現在で、「Bラボ」の認定を受けている企業は１０３５社にのぼります。先述の「パタゴニア」や「エッツィ」の他にも、フリーランスの労働者に健康保険を提供する「フリーランス・ユニオン」、環境にやさしい日用品ブランド「メソッド」、バーモント州のアイスクリーム「ベン&ジェリーズ」などが名を連ねています。

「Bコーポレーション」の認定を受けられる企業は、アメリカの企業に限りません。ヨーロッパやカナダ、さらにアフリカや南米、アジアを含む34カ国の企業が現時点で認められています。アメリカ国外の企業はまだ数も聞き覚えのある名前も少ないのですが、代替エネルギー系の企業から環境問題のシンクタンクまで、様々な形態の企業が参加していて、この新しい企業価値が世界に広がりつつあることを教えてくれます。今のところ日本からの参加企業はありませんが、「Bラボ」では世界各地の参加企業や地域パートナーを積極的に探し求めているのです。

贅沢から実質へのシフトが起こっている

今、ポートランドやブルックリンのような場所を歩いていて、いわゆるブランドものを持っている人をまったく見かけないなと思うことがあります。一目見て何か分かるものを身に着けるより、自分独特のスタイルで装《よそお》うほうが「ヒップ」なのです。

若者たちの密集するエリアでは「ヒップスター・スタイル」と呼ばれる、第1章でスペックを紹介したような定義しづらいスタイルの若者をよく見かけます。ポジティブに言うと、ヴィンテージものやストリート系、エスニック系などをごちゃ混ぜにしているのにインパクトがある自由なスタイル、ネガティブに言うと、過剰に自己主張の強いスタイルです。もう少し所得や年齢層の高い人々が住む地域では、クオリティの高さは明らかだけれど、控えめで上品な服装を見かけるかもしれません。双方に共通するのは、一目見て値段やブランドが分かるような、お金があれば誰でも手に入れられるようなものを持つことはちょっとダサい、という空気が漂っていることです。

消費に対する価値基準が、ラグジュアリー性を求めるブランド主義から、実質を求める方向にシフトしつつあります。第1章で紹介したレストラン経営者のアンドリュー・タ一ロウが食肉用の動物の皮や毛を使って作った「マーロウ・グッズ」がそのいい例です。誰もが知っているような高級ブランドの商品よりは安いけれど、大量生産の商品よりは確実に高い製品を購入することは、それ自体には社会を変える可能性はないかもしれません。けれども、自分が支持する試みに投資するという充足感が、何かを購入するという行為にプラスアルファの価値を付加しています。

「マーロウ・グッズ」の方法論は食の分野から生まれたものですが、この「プラスアルファの価値観」は、ファッションやスタイルの世界でも徐々に広がりつつあります。その核にあるのは、自分がいま着ているシャツが、手に持っているバッグが、どんな人の手によってどう作られて、どうやって自分のもとまでやってきたのか、という視点です。そういう見方が出てきた背景には、これまでの消費至上主義に対する疑問や、アメリカの「ヘリテージ（伝統）」を見直す取り組み、地元のコミュニティや自分により近い場所で作られたものを大切にしようというムーブメントがありました。

特に今、アメリカでモノを作ろうという若いブランドがどんどん登場して、新しい風を吹き込んでいます。

この10年ほどのあいだに、アメリカの小売業界で、またファッション業界でどんなふうに価値基準が変わったのか、振り返りながら考えてみたいと思います。

「メイド・イン・USA」の復興

アメリカのメンズ・ファッション業界は、2000年代中頃までの長いあいだ、決して元気があると言える状態ではありませんでした。ファッションの中心で、トミー・ヒルフィガーといったメガブランドが圧倒的な力を誇る一方で、ファッションブランドがインディペンデントなまま生き残ること自体がほぼ不可能だと言われていました。

そこに登場したのがトム・ブラウンというデザイナーです。限られた顧客に対し超高級な仕立てのスーツを作っていたトムは、2004年に初めて発表した自身のコレクションで、過剰なまでに体のラインにぴったりフィットするグレーのスーツを基軸に据えました。そこで彼が唱えたのは、当時主流だった方法論の対極に位置するようなメッセージでした。私が初めてトムにインタビューした2005年、彼が話してくれたのは1950年代のアメリカ紳士についてでした。

「50年代まで、アメリカのビジネスマンたちは、オン・オフに限らず、自分の体に合わせて仕立てたスーツをユニフォームのように着ていた。週末に日曜大工をするのにも、ネクタイを締め、スーツを着て過ごした。そういう着こなしは、衣類が大量生産されるようになり、職場のルールが緩くなるにつれて、失われてしまった」

彼が登場したのは、アメリカの金融マンや弁護士といった一部の職種を除いて、職場のドレスコードのカジュアル化が進み、Tシャツにジーパン姿で仕事に行くことが容認されるようになった時代です。身だしなみに気を遣《つか》うことが、どこか特殊な人々、つまりゲイやファッション業界の人々に限られた習慣であるというような空気感がまだわずかに残っていた時世でもありました。

後に登場して人気を博したテレビ番組『マッドマン』のキャラクターたちを思わせるような50年代のアメリカ紳士のスーツスタイルを叩き台にしながら、シルエットを極端なまでに自分流に解釈したトムのスタイルの提案は、「アメリカ」を再考する新鮮なものとしてファッション・ジャーナリストや評論家たちに高く評価され、これといって大きな動きのなかったニューヨークのメンズ・スタイル界を活性化しました。トムはデビュー以来、年に2回のコレクションとともに、ミラノ、パリ、ニューヨークと続くいわゆるファッション・サーキットの中で自分の世界を表現する一方で、ちょっとずつシルエットを進化させたスーツやオックスフォードのシャツ、革靴といったベーシックなラインを顧客に提供し続けていますが、彼の存在は結果的に「アメリカ再考」のひとつの布石《ふせき》になりました。大きく喧伝することこそしませんでしたが、彼はデビュー当時からニューヨーク近郊の工場でスーツを作ってきました。アメリカの歴史と遺産にインスピレーションを求めながら、アメリカ産を復活させたのです。

衰退するアメリカ製造業界に生き残った数少ない工場に注目したのは、トム・ブラウンだけではありませんでした。たとえばマーカス・ウェインライトとデビッド・ネヴィルというイギリス人男性2人組が始めたブランド「ラグ&ボーン」があります。今ではファッションショーで新作を発表する一大ブランドに成長しましたが、そもそもはマーカスの「完璧なジーンズを作りたい」という思いから、ケンタッキー州にあるデニム専門の老舗工場で作るジーンズを基軸に、２００２年に生まれたブランドだったのです。

これまで繰り返し述べてきたように、アメリカの製造業はすっかり衰退していましたが、各分野で特に技術力のある昔ながらの工場が一部残っていました。作り手の側からすれば、国内の工場でモノを作る利点には、細かいところまで目が届きやすい、昔ながらの工法で作ることができる、サンプルが行き来する時間を短縮しコストを軽減できるなど色々あります。もちろん、国内でモノを作るモチベーションには個人差があると思います。けれども今「メイド・イン・ＵＳＡ」が再考されるようになった背景には、人件費の安いアジアで生産することが当たり前だった時代に、国内でモノを作り始めたパイオニアたちが存在したのです。

日本人デザイナーが貫いた「メイド・イン・ニューヨーク」

実は、トム・ブラウンや「ラグ＆ボーン」が登場する前から、ニューヨークの工場で商品を作り始めた日本のブランドがあります。「ネペンテス」傘下の「エンジニアド・ガーメンツ」です。

このブランドは、すべての商品をニューヨーク市内、そしてその大半を「ガーメント・ディストリクト」と呼ばれるマンハッタンの西側で作っています。「ガーメント・ディストリクト」は、かつてまだ国内の製造業が好調だった頃、アパレル関係の工場が密集していた地区です。今でも、私立大学「ニュースクール」のファッション部門「パーソンズ」があったり、アパレル企業のオフィスがあったりという理由で「ファッション・ディストリクト」とも呼ばれてはいますが、工場の数はかつての黄金時代に比べるとほんのわずかになっています。

「エンジニアド・ガーメンツ」のデザイナー、鈴木大器《だいき》さんがニューヨークで商品を作り、「メイド・イン・ニューヨーク」というタグを使い出したのは、「メイド・イン・USA」という言葉が再び注目されるよりずっと前の1999年でした。「ネペンテス」のバイヤーとして渡米した鈴木さんが自身の手でデザインを始めたのは、インターネットが普及して誰もが家に居ながらにしてモノが買えるようになり、日本に海外の商品を紹介する買い付け業だけではやっていけないと危機感を持ったからだと言います。最初は日本の市場をターゲットに、自分が暮らすニューヨークの工場で、わずかの型数で作り始めた服。それを海外で売るようになったのは2004年のことでした。

海外進出のコマを進めるのに、彼はまず最初にイタリアのフィレンツェで行われる「ピッティ・ウォモ」という展示会に出展し、この「日本人が作るアメリカ製」は当初ヨーロッパを中心に広がっていきました。アメリカのファッションシーンでは、まだヨーロッパのブランド

1990年代後半からニューヨークの工場で生産を始めた「エンジニアド・ガーメンツ」の鈴木大器さん。写真は「ガーメント・ディストリクト」の店舗にて撮影。

が優勢だった時代です。けれど、そうしたメインストリームとは一線を画して自分なりに「アメリカ」を解釈した鈴木さんの服づくりは、アメリカでもじわじわと評価されるようになりました。２００８年には、『ＧＱ』誌と米ファッションデザイナー評議会がメンズシーンを盛り上げるために共同で設立した「第１回ベスト・ニュー・メンズウェア・デザイナー・イン・アメリカ」に選ばれました。

鈴木さんは、ニューヨークの工場で商品を作り始めた理由をこう説明してくれました。

「作ろうと思った洋服は、見た目は普通だけれど、実はものすごい微妙なところが良し悪しを決定するようなものだから、近場で気をつけて作ってみたいなというのがあって、ローカルが一番いいと思った。コストが余計にかかっても近くですぐ見て、工場の人間たちともコミュニケーションをとって、特別な関係みたいなのを作っていく。みんなで一緒に作っていく雰囲気が好きだったたっていうこともある」

一時はロサンゼルスで服を作ったこともあると言いますが、サンプルを間近でチェックできないことに難しさを感じて、結局今はすべてをニューヨーク市内で製造しています。「エンジニアド・ガーメンツ」のオフィスがあるのも、また２００８年にオープンした「ネペンテス」のショップがあるのも、ガーメント・ディストリクトです。自分のブランドの商品を作る工場の大半が、オフィスから石を投げたら届きそうな距離にあって、自分たちの商品が作られる過程をつぶさに見ることができる。鈴木さんはそこに重きを置いています。

ファッションの専門学校を出て、ショップ店員、スタイリスト、ライターと数々の職業を経てバイヤーとして渡米した鈴木さん。アメリカ製のモノとの出会いは、12歳くらいのときだったと言います。

「それまで型崩れしないTシャツがいいと思っていたのに、洗ったらヨレヨレになるアメリカのTシャツがカッコいいって衝撃を受けちゃった。でも実際、ずっと後にアメリカに来てみて、アメリカ人全然カッコよくないじゃんって思った（笑）。けれど今だって、1950～60年代のアメリカの日常を切り取った写真を見ると、普通にカッコいい。その時代がよかったのは、当時の人たちがファッションとして着ていなかったからだと思うんです。アメリカ人がファッションをビジネスとしてやり始めたら、ポリエステルのような素材が大量に使われるようになって、カッコ悪くなっちゃった。昔の写真を見ると、鉄道の労働者が着てるワークウェアが、カッコいい。メタルフレームの丸いメガネをかけて、バンダナをちょこっと巻いたりして」

少年時代に見たものを自分流に解釈しながら、時代の流れとともに変化する「ファッション」よりも、一人ひとりが自分の「スタイル」を持つことを、服づくりを通じて提唱してきた鈴木さんは、アメリカに対する気持ちをこう説明します。

「自分が10代、20代のときは、アメリカ製なら何でもよかった。舶来至上主義という風潮があったし、憧《あこが》れていました。自分の体以外は全部アメリカ製だったくらいです。僕にとってアメリカ製のよさっていうのは、国の印象と同じで分かりづらいこと。デニムだって、素材や技術がいいわけじゃない。色は落ちるし、ボタンは留めにくいし。でも1年着ると自分のものになる。エルメスだったら、買った瞬間から着心地がいい。アメリカ製はその価値が逆転している感じが自分にはいいのだと思う。それは他の場所ではできないこと。この国の人間、この国の空気だからできることなんだと思っています」

アメリカ製に対するこの微妙な気持ちが、アメリカ人の顧客に理解されているかどうかは別として、彼がファッションのメインストリームから離れた場所で提案してきた「アメリカン」「メイド・イン・USA」「メイド・イン・ニューヨーク」は今では広く受け入れられ、ファッションにおいて「アメリカ」を見直そうという流れを形成する一助となったのです。

老舗に命を吹き込んだヘリテージ・ブーム

かつてのアメリカを参照しながら自分たちの表現を追求してきた人々が作った流れは、いわゆる老舗のメーカーをも巻き込んでいきました。その最初の例となり、老舗メーカーが注目される基盤を作ったのがファッションブランドの「J・クルー」です。

郊外に住むアメリカ人にとって、「L・L・ビーン」や「ランズ・エンド」など、アウトドア系ライフスタイルのブランドのカタログを見るのが買い物の方法だった時代、1983年に「J・クルー」は立ち上がりました。1990年代には拡大路線をとりましたが、2000年代に入ってその勢いを失い、どちらかというとちょっぴり冴《さ》えない学生や郊外の主婦が着るようなイメージのブランドになっていました。

そんな「J・クルー」が再生してファッション業界でも注目されることになった背景には、クリエイティブディレクターに生え抜きのデザイナー、ジェナ・ライオンズが就任しイメージを刷新したことがありました。「J・クルー」はもともと「プレップスクール」と呼ばれる、上層階級の子女が通う北東部の高校に起源を持ち、トラッドの一派と目される「プレッピー」なスタイルをアイデンティティの柱にしていましたが、それを強調しながらカラフルな要素を上手に取り入れ、ブランドの弱味だったフィット感をより現代的、都会的に改良することで新しい消費者の心を摑《つか》み、形勢を一気に逆転させたのです。

そこで鍵《かぎ》になったのが、コンセプトショップ「リカー・ストア」の開店でした。マンハッタンのトライベッカでかつて営業していたリカー（お酒）専門店の跡地に、バーや暖炉といった元の構造を活かしながら改築して生まれ変わったこの店舗には、バッグのブランドを売却してブランディングの会社を立ち上げたばかりだったアンディ・スペードがコンサルタントとして参加し、自社製品は最低限に絞って、「オールデン」

や「ニューバランス」といった、当時はそれほど注目されていなかったアメリカの老舗ブランドの商品をちりばめて、アメリカ北東部のプレッピー・カルチャーの世界観を現代風に味付けしながら再現しました。つまり「J・クルー」は、アメリカ北東部の伝統的スタイル全体を売りながら自分のブランドをも盛り上げるという手法で、アメリカのルーツを振り返るという時の流れに乗ったのです。

こうして「リカー・ストア」はニューヨークのメンズ・ファッション・シーンにおける「ヘリテージ」の再評価、ならびに「プレッピー」ブームの開花に一役買っただけでなく、沈みかけた船という印象すら与えていた「J・クルー」というブランドが新しい局面に進もうとしていることを、世の中に知らしめました。

これによって起きた相乗効果、それは何世代も前からほぼ同じ方法でものづくりを行っていた老舗のブランドが再び注目を集め始めたことです。

たとえばそのひとつが紳士靴の「オールデン」です。「オールデン」が設立されたのは、1884年のこと。場所はマサチューセッツのミドルボローというところです。マサチューセッツ州やコネチカット州、ニューハンプシャー州、メイン州といった「ニューイングランド」と呼ばれるアメリカの東北地方一帯には、かつて多くの靴メーカーがありました。その大半が１９２９年の世界大恐慌で受けた大打撃が原因で消えていったなか、「オールデン」は持ちこたえ、１９７０年に新設した工場で今も昔ながらのやり方を踏襲した靴づくりを続けています。

「オールデン」の靴は日本にも多く輸入されていますが、決して安いものではありません。けれども定期的に手入れをしたりソールを張り替えたりすれば、何十年でも履き続けることのできる靴です。アメリカのものづくりの過半が大量生産・大量消費の波に呑《の》まれて消えていった後、クオリティの高いものを手をかけた製法で作り続けることで生き残ってきた「オールデン」のような老舗メーカーを支持すること、そして、遠からず捨てるものの代わりに大切に手入れしながら使い続けられるものを購入するということが、いま再び見直されています。

こうした新たなる懐古主義の登場のおかげで、スーツの「サウスウィック」やシャツの「ギットマン・ブラザーズ」のように、再び息を吹き返したブランドやメーカーはたくさんあります。パタゴニアの「レガシー・コレクション」やカーハートの「メイド・イン・USAコレクション」のように、老舗だからこそ保持している過去のアーカイブから復刻商品を作ったり、過去の商品に改良を加えて再び世に出したりする例は枚挙にいとまがありません。利益だけでなく社会的な見地からも投資先を決める大物投資家ウォーレン・バフェットのバークシャー・ハサウェイ社が、ウィスコンシン州にある老舗のブーツメーカー「チペワ」のオーナーであると言えば、アメリカのルーツを見直す「ヘリテージ・ブーム」が立派な一大産業になっていることが分かるかもしれません。

全米一治安の悪い街・デトロイト復興の物語

ファッション業界における一連のヘリテージ・ブームは、老舗のメーカーに新たなチャンスを与えました。そこにビジネスチャンスを見出して登場したアメリカの時計ブランドがあります。2013年にニューヨークとデトロイトにほぼ同時に旗艦店をオープンした「シャイノラ」です。

生産拠点の工場をデトロイトに構えたこのブランドのCEO、ヒース・カーに話を聞くチャンスがありました。「シャイノラ」は、量販店で人気を博した「フォッシル」という中堅どころの時計ブランドを一大企業に成長させては人気の絶頂に売却して財をなしたトム・カーツォティスが立ち上げた「ベッドロック・マニュファクチュアリング」という会社の傘下にあります。「ベッドロック」はこの他、シアトルの老舗アウトドアブランドの「フィルソン」、サーフブランドの「モレスク」、セレクトショップと自社ブランドの「スティーブン・アラン」の株式の一部を所有しています。

「シャイノラ」は、2011年にデトロイトのダウンタウンに時計の工場を開き、直営店のオープンに先駆けて、全米のデパートなどで高級時計の販売を始めました。アメリカで時計を作ることにした理由を、ヒースはこう説明します。

「アメリカの製造業は、より良い商品を作るためではなく、商品を安価にするために海外に生産拠点を移した。しかしスイスの時計メーカーの技術を見ながら、なぜこれを国内で作れないのかと考えてきた。適切なトレーニングさえすれば、できるはずだと。そのために、スイスの『ロンダ』と提携し、技術の訓練をしてもらっている。アメリカでもクオリティの高いものを作れることを証明するつもりだ」

「シャイノラ」は、生産の拠点にデトロイトを選びました。かつてアメリカの自動車メーカーがこぞってオフィスを構えたダウンタウンに工場を構えたのです。

デトロイトは、アメリカの製造業の栄光と凋落《ちょうらく》の歴史が最も劇的に刻まれている街です。かつては世界をリードしたアメリカの自動車業界とともに繁栄し、またその零落とともに廃《すた》れていきました。アメリカ自動車業界の黄金期には200万人近かった人口は、2013年現在でおよそ70万人。失業率は2013年4月現在で16％です(比較のために言うと、ミシガン州全体では8・4％、ニューヨーク市は7・7％)。犯罪率、特に暴力犯罪の件数は抜きん出て高く、『フォーブス』誌が選ぶ「最も危険な都市ランキング」で2008年から4年連続で1位に輝きました。不景気以降、フォードやGMといった自動車業界の大手が黒字に転じたはいいけれど、生産ラインの大半はすでに海外の工場に移されているのです。

デトロイト市は、かつての栄光の時代に整備された公共サービスや年金制度の負担に耐えかねて2013年に破綻《はたん》し、連邦破産法9条の適用を申請しました。けれども今、市民からの草の根的な運動に引っ張られる形で、都市再生の萌芽《ほうが》がわずかに見えるようになってきました。ヒースは、「シャイノラ」をそんな物語の一部にしたいと言います。これは単なる美談ではありません。そこには、賢くなった消費者たちは、よくできた商品そのものだけでなく、商品とつながり、商品を購買することを正当化する物語を求めている、という戦略的な動機があるのです。

実際、「シャイノラ」のやり方はとても戦略的です。そもそも「シャイノラ」は靴磨きクリームの老舗ブランドでした。1940年代には「You don't know shit from Shinola」という広告のコピーが、「何も分かっていない」を意味するフレーズとして爆発的に流行《はや》ったこともありました。「シャイノラ」は、映画のセリフに登場したり歌詞に登場したりと、アメリカ人には耳慣れた名前でしたが、1960年に靴クリームの製造を中止してからはブランド名は宙に浮いた状態で放置されていました。「ベッドロック」はそのブランド名を使う権利を購入し、時計のブランドとして蘇《よみがえ》らせました。

「シャイノラ」の時計は400~975ドル（2014年春現在）と、決して手の届かない価格帯ではありません。この値段設定にしたのも、最先端の消費者たちは価格が高くてブランド性の高いものよりも、品質が良い頼りになる商品を求めるようになっている、という読みからです。

ブランドのお披露目《ひろめ》の際には話題づくりのために、ウィスコンシン州の自転車フレームメーカー「ウォーターフォード・プレシジョン・サイクルズ」とコラボして作った自転車に加え、時計と並ぶ核になる商品として革製品、文房具を選びました。国内の老舗メーカーや工場と組み、「メイド・イン・USA」のブランドに限定商品を作らせたのです。店舗には時計とともに、「オールデン」に革を提供するシカゴの老舗革なめしメーカー「ホーウィン」に依頼して作らせた自転車のアクセサリーや文房具、「ギットマン・ブラザーズ」の別注シャツを並べ、「デトロイト・デニム」の横にはデトロイトについての書籍が置かれています。アメリカの老舗メーカーと新興ブランドを支援するライフスタイルのキュレーター、「メイド・イン・USAのサポーター」という立ち位置をアピールしているのです。

ヒースと話をして興味深いと思ったのは、彼が「アメリカ産のものをアピールする

あえてデトロイトを拠点に選んだ時計ブランド「シャイノラ」のニューヨーク旗艦店。

と、ときどきアメリカ国旗を振りかざすタイプの愛国主義者と勘違いされることがある」と言ったことです。たしかに、アメリカ国内で作られたものを応援することは、今から20年前だったら愛国主義者による排外主義的思想と受け取られたかもしれません。

けれども今、自分になるべく近い場所で作られるものを応援することは、愛国主義とは別の場所に存在するひとつの価値観になっています。それは、自分のお金を自分が属するコミュニティの中で使うことに、プラスアルファの価値を求める考え方です。この思想が、「目の届くところで生産したい」という作り手の意図や、アメリカの歴史やルーツを懐古するマーケティングと合致して、現在ひとつの流れを形成しているのです。

自分の生き方を表現するブランド

モノに付随するある種の物語を求める「プラスアルファの価値観」が登場し、それに消費者が呼応していることをこれまで見てきましたが、パイオニアたちが作った下地をベースに今、その価値観はさらに細分化し、作り手の世界観を共有する受け手と直接つながることに成功するブランドが目につくようになりました。第2章で紹介したような「自分がほしいものが見つからないから、自分で作る」というDIYの精神で、社会に対するメッセージを商品を通じて表明するブランドが増えています。

かつて「ブランド」を作ろうとした場合、大きさに差はあれど、ひとつの「コレクション」として商品のラインを構築するというやり方が、デビューの定型として存在していました。しかし、インターネットで消費者との物理的距離感が縮まり、個人が起業するためのツールが増えていることもあって、より気軽に単体のアイテムから出発するブランドが増えました。まず投資家や支援者を見つけ、借金を背負ってサンプルを作り、それをもとに注文を取って、前金を工場に払ってようやく商品を作る。こうした旧来のやり方に伴うリスクを嫌い、できるところから始める、という方法論が普及しつつあるのです。けれど、もっと注目すべきだと私が思うのは、自分の生き方をブランドに表現する人たちが増えているということです。

サイクリストと直接つながる自転車用パンツのブランド

たとえば、自転車乗りの2人組が2008年に立ち上げた「アウトライヤー」というアパレルのブランドがあります。グラフィックデザイナーとして生計を立てていたエイブ・バーマイスターと、紳士服のテイラーで修業を積んでいたというタイラー・クレメンスの出発点は、自転車で出かけたときに汗びっしょりにならなくても済む快適な街着がほしいという欲求でした。しかし、ほしい商品は見つからず、アウトドア着に使われるような特殊素材を使って、エイブはパンツを、タイラーはシャツを開発するうちに、2人は行きつけのカフェのバリスタの紹介で出会い、一緒にブランドを立ち上げることにしました。

「アウトライヤー」が設立当初にブランドの基軸に据えた商品は、自転車に乗って汗をかいても汗ジミが出たりしない、また撥水性《はっすいせい》が高く汗が乾きやすい素材を使ったアクティブな、けれども既存のアウトドア着で仕事に出かけることに抵抗を持つスタイル志向の都会人のためにデザイン性を重視したパンツやシャツでした。ただ、アパレル企業のバックグラウンドがない2人は、商品のサンプルを作り、バイヤーとのアポを取って展示会に出展して受注し、次のシーズンの生産を工場に発注するという、古典的なブランドのやり方は勝手が分かりません。できた商品を随時ブランドのサイトに掲載し、サイクリストに直接届けるという方法を選びました。

「設立の準備をしているときに、どうやって売るかというシミュレーションをしてみました。けれども僕らが作りたかったパンツは、コストや卸価格から計算してみると、店に並ぶ頃には600ドル程度になってしまう。自分だったら600ドルのパンツは絶対に買わない。だったら直接消費者にアプローチしたほうがいいと思ったのです。さいわいグラフィックデザイナーをやっていた経験上、サイトの作り方は分かっていた。影響力のあるブロガーに取り上げられたことをきっかけに、サイクリスト用のパンツの情報が拡散し、次々と注文が入るようになりました」

先に述べた既存のブランドづくりの方法論には、事前に十分な注文が入らずに作られない幻の商品ができたり、ある程度の初期投資がなければブランドとしてスタートを切れないという欠点がありました。「アウトライヤー」のやり方だと、商品製作にかかるコストはすべて自分持ちですが、商品はサイトを通じてシーズンに関係なく年間を通してつねに売ることができるし、リスクも分散できる。代理店やショップを通さないために、購入価格を比較的安く抑えることができる。DIYの精神を発揮したエイブとタイラーが「自分たちができる方法」を模索した結果たどり着いた方法論は、まとまった準備資金がなくてもブランドを立ち上げることは不可能ではないと証明したのです。

「アウトライヤー」は、自分たちのターゲットであるサイクリストのコミュニティとつながるためのひとつの仕組みとして、毎週金曜日の午後4時から7時までの3時間、オフィスを開放する「オープン・スタジオ」を開催しています。普段はネットでしか買えない商品を、エイブやタイラーと話をしながら、実際に試着したり、触ったりできる機会を設けているのです。「いまだにネットで買い物をすることに抵抗がある人もいるから、商品に触れる場所を作りたかった。僕らにとっては、客が何を感じているかを知る貴重なチャンスでもある」とエイブは言います。

ところで、アウトドア系の特殊素材の開発で世界をリードしているのは、スイスやニュージーランドです。「アウトライヤー」は、まずは理想のクオリティにどれだけ近づけるかという観点から、多くの生地《きじ》を海外から輸入しています。けれども、輸入したファブリックを使って商品の90%を生産するのはニューヨークの「ガーメント・ディストリクト」。やはり「アウトライヤー」も「メイド・ローカリー（地元で作る）」にこだわっているのです。

これは何も「メイド・イン・USA」が流行っているからだけではありません。エイブは、そのこだわりの理由をこう説明します。

「僕らの課題は、環境に対するインパクトを最小限に抑えながら、またサプライチェーンの長さを最短にしながら、どれだけクオリティの高い商品を作れるか。その裏には、バイカー（自転車乗り）として環境に配慮したいということもあるし、地元経済を支援したいということもある。自分たちの商品が作られる過程を、この目で見たいということもあります」

ネットの拡散力のおかげで自分たちの支持層を発見した「アウトライヤー」の場合、熱心な海外のファン、特に日本、ニュージーランド、オーストラリアからの注文が売上の大きな部分を占めているそうです。

「ニュージーランドからファブリックを輸入してニューヨークの工場で生産し、ニュージーランドのお客さんに届けるとなると、環境コストはかなりかかっています。僕らの力はまだまだ小さいから、そこを縮減できない。けれど最終的には、他の国に拠点を持つことでサプライチェーンを縮めたい。今の段階では、単なるファンタジーと笑われるかもしれませんが」

斧からスタートしたブランドが商品に込める物語

サブプライム危機が起きたことが遠因となって生まれた、新しいライフスタイルのブランドがもうひとつあります。アウトドア用品や木工などに使う道具を作る「ベスト・メイド」です。創業者のピーター・ブキャナン・スミスは、『ペーパー・マガジン』のクリエイティブディレクターなどを務めた後、フリーランスでデザインの仕事をしていましたが、前述のアンディ・スペードが自分のオフィスを週末だけ開放してギャラリー兼ショップを運営していたときに、グループ展に参加しないかと声をかけられました。これが、ブランドが誕生するきっかけとなりました。

「2009年頃、リーマン・ブラザーズの破綻とバーナード・マドフ事件（ナスダックの創始者が起こした巨大金融詐欺事件）の余波で、世界は終末に向かっているように感じられた。ちょうど個人的にもつらい時期だった。離婚を経験し、我が子のような存在だった飼い犬を亡くした。さらに自分の仕事を信じられなくなった。グラフィックデザイナーとして、パッケージとアイデンティティ・デザインを専門にやっていて、景気の悪化で自分の職業そのものが浸食されているような気がした。クライアントを失い、予算は削減された。そんなとき、アンディから声をかけられた。何を出品しようかと考えたとき、無意識的に斧《おの》を選んだ。人生の暗い時期、カナダの農場で育った僕がやりたかったのは、外にいて薪割《まきわ》りをすることくらいだった」

斧はあっという間に完売し、ピーターは次から次へと入ってくる注文に追われながら、ブランドを始める決意をしました。斧からスタートしたブランド、と言うと日本ではびっくりする人も多いかもしれませんが、暖炉にくべる薪を割るのに斧を使う家庭は、アメリカの田舎では実に多いのです。にもかかわらず、ホーム・デポのようなホームセンターで売られている斧の大半は、プラスティックの柄《え》が付いた、数十ドルで買える消耗品ばかりです。最初は自分の手で斧を一本一本作っていたピーターですが、そのうちにアメリカでも数少ない老舗の斧メーカーを見つけて、それからはクオリティとデザインにこだわりの限りを尽くした斧を生産するようになりました。

最初に作った12本を売って以来、1年目はどんどん入ってくる注文に対応することに追われたというピーターですが、「その分野で一番クオリティの高いものを作れる生産者を見つけてコラボレーションする」という、斧づくりから抽出した方法論をその後は他の分野にも適用し、キャンプ道具から調理道具、アパレル用品、書籍まで幅広い商品展開をするブランドに成長させました。

今ではトライベッカに旗艦店を開くまでに成長した「ベスト・メイド」ですが、ピーターはブランドとしての使命を「屋外に、キャンプファイアーのそばに人を誘うこと」と説明します。そのためにピーターが取る手法は「ストーリーテリング（物語を語ること）」です。

ピーター自身やスタッフが様々なアウトドアの名所に出かけていって、自分たちが作った斧や道具を使って料理をしたり、キャンプをしたり、それを写真に撮ってサイトで発表したりする。べつに難易度の高い山に登ったり、何かを達成したりするわけではないのです。自分たちの道具で何かをやってみる、そのハードルの低さと、ストーリーの真実味が、消費者の心にストレートに語りかけるのです。

アメリカに限らず「一番いいものを作れる工場と仕事をしたい」と言うピーターは、いわゆる「メイド・イン・USA」のブランドと目されることを嫌います。斧という意外な商品からスタートしたブランドが評価された理由を、彼はこう分析します。

「アメリカは、どこからかやってきてどこかに消えてしまうような製品で飽和状態だった。モノがどこでどのように作られたかなんて、誰も気にしていなかった。だから簡単に使い捨てされる。自分たちが着る服や食べる物への愛着などほとんどない。そんななかで、始まりはスローフード運動のようにシンプルなことだった。経済が破綻したことで収入は少なくなったけれども、以前よりも良いお金の使い方をするようになった。どこでどんなふうに作られた商品か、その商品への思いが分かるものを買おう、名もない工場で作られたものではなくて。そういったことがこうした流れになっているのだと思う」

違うコミュニティを掛け合わせて成長する帽子ブランド

ファッション業界で製作の仕事をしていた経験から、工場で余る残反《ざんたん》（切れ端）に目をつけて帽子を作り始めた「フェアエンズ」のやり方もまた新鮮でした。何度か言及しているライフスタイル・ブランド「フリーマンズ・スポーティング・クラブ」での仕事を通じて出会ったというデザイナーの2人組、ベン・フェレンズとマーティン・カーバジャルが、デザインはシンプルだけれど着け心地には徹底的にこだわって、ちょっと気の利いたプリントの帽子を作り、仲間内のクリエイターたちに使ってもらい、口コミでユーザーの輪を広げていきました。たったそれだけのことですが、口コミは確実に増幅して、ブルックリンのショップ「ヒッコリーズ」や人気ブロガーとのコラボ商品を展開することで、センスある人の帽子といえば「フェアエンズ」という立ち位置を確保しました。

「フェアエンズ」が面白いのは、デザイナーの2人がそれぞれ別の場所に住んでいるということ。マーティンはブルックリンに暮らし、ベンは妻が運営するモンタナ州のオーガニック農場に暮らしています。ブランドを立ち上げたときから別々の場所に暮らしながら作業を分担していたのですが、まずは帽子で自分たちの仲間やそこから広がるコミュニティを中心にファンの基盤を築き、さらには自分たちの生活に必要な商品だけに絞って、少しずつ商品の展開を広げていきました。たとえば、ベンの妻、ジュリーの農場で穫れた唐辛子で作ったホットソースや、周辺地域で手に入るオートミールやラベンダーといった天然素材で作った石けん、というように。

その後「フェアエンズ」は、すでに生産のインフラを持つメーカーと組んで、限定のオリジナル商品を打ち出し始めました。たとえば型数を絞って作ったシャツとパンツは、サンフランシスコで2008年に生まれたアパレルブランド「テイラー・ステッチ」と、バックパックは1977年以降バッグを作り続けているオハイオ州の老舗「ドリフター」と、スキー板はヒップな若者たちに支持されているスキーブランド

「サーフェス」と、といったように、一緒にものづくりをしてきました。

この路線をとった理由を、ベンはこう説明します。

「帽子を作ってみて、規模の小さい僕らのようなブランドが生産することの難しさを身をもって体験した。自分が作りたいものを作れる技術があって小規模な生産量で作ってくれる工場を見つけ、自分が使いたい素材を探し、サンプルを作り、商品化するための資金を調達し、というプロセスは、時間的にも金銭的にも負担があまりに大きかった。ブランドとして成長しようと思ったら、パートナーを見つけるしか方法がないと考えた」

ダブルネーム、コラボレーションというやり方は、何もそれ自体は新しい方法ではありません。けれども、独立系のブランドがこれまでそうした方法を採《と》る場合、大手のアパレルブランドと組んでデザイン料をもらうというやり方が主流でした。自分たちと似た価値観やスタイルを共有しながら、異なる顧客ベース（事業収入の中心となるリピート顧客層）を持つメーカーと組むという「フェアエンズ」のスタイルは、小規模なブランドが負担の少ない方法で生産のルートを確保できるだけでなく、自分たちにとってもメーカーにとっても、もともと持っている顧客ベースの外にも訴求できるという意味で、二重にプラスになるとベンは言います。

「たとえば『サーフェス』の顧客は、僕らより若い世代のスキーヤーたち。けれどもオーナーは、僕らと同じ世代。だから、既存の顧客ベースよりも成熟した大人のスキーヤーたちに訴求するために、僕らと組むことは彼らにもプラスだった。一方、僕らにとってスキー板を独自に作るのはほぼ不可能。僕もマーティンもスキーヤーだけど、『サーフェス』と組まなければ作ることはできなかった」

自分の身の回りにあるものを使って作れるものを作りながら、徐々にライフスタイルブランドへと拡大してきた「フェアエンズ」の商品展開はいたってユニークですが、これもすべて、マーティンとベンのリアルな生活環境を反映しているのです。

「たとえば僕らがスケートボードを作ったとしても、真実味のある商品は作れない。なぜなら僕らは、スケボーをしないから。けれどもガーデニング用の手袋を作ることならありうる。2人とも農業やガーデニングに縁がある暮らしをしているからね。都会に住み、ときには大自然の中で時間を過ごし、料理が好きで、スキーをやったりハイキングが好きだったりするというような、僕やマーティンみたいな人間が、僕らのコミュニティにはたくさんいる。彼らのためにブランドをやっているし、彼らに依存してもいる。でもそのコミュニティ性がブランドとしての要《かなめ》だと思っているんだ」

製造業を底上げする作り手と工場とのお見合いサービス

ここまで紹介してきた新進ブランドのファウンダーたちはみな口を揃えて、商品を製造することの難しさを強調しました。「アウトライヤー」は、輸入した素材を自転車で行ける範囲内の工場で加工し、「ベスト・メイド」は、地道なリサーチをしながら世界各地の工場と協力して、時間をかけた商品開発を行っています。「フェアエンズ」は、帽子づくりで経験した苦労に学び、メーカーと共同製作をする道を選びました。

先にも述べたように、「メイド・イン・USA」「メイド・ローカリー」のムーブメントは着々と拡大しているけれど、それでも一度は消えてなくなるかと思われる勢いで衰退したアメリカの製造業界の中での戦いです。実際にモノを、それも高いクオリティを保ちつつ、新進デザイナーやブランドがリスクを抑えて作ることは決して簡単なことではありません。新進ブランドなら、資金繰りに苦労することもあるでしょう。

けれども、自分が独立した存在となって何かを作りたいと思ったときに、助けとなるツールは増えています。たとえば、アメリカ国内でモノを作りたい人たちが増えているという否定できない潮流に目をつけたサービスがあります。「メーカーズ・ロウ」というニューヨーク生まれのスタートアップ企業です。２０１２年11月に生まれたこのサービスは、アメリカの国内にある工場が月額50~２００ドルの会費を支払って、自分たちが生産できる商品と数量、過去に作った商品の画像といった情報をウェブサイトに登録し、それを閲覧するデザイナーが自分たちに合った工場を見つけることができるという、いわば作り手と工場とのお見合いサービスのようなものです。

このサービスを立ち上げたのは、元インダストリアルデザイナーのマシュー・バーネット。大手ブランドで時計デザインの経験を積んだ後、自身の時計ブランドを立ち上げて経営していました。そんな彼が「メーカーズ・ロウ」を始めようと思った背景には、自らが体験した製造・生産にまつわる苦労がありました。海外の工場とのあいだに立ちふさがる言語の壁、サンプルの輸送や税関でのやりとりにかかる時間など、大量の商品を生産する大企業なら克服できる障害も、生まれたばかりの新進デザイナーには命取りになりかねません。中国の工場に製造を発注したところで、現地の賃金も確実に上昇しており、以前ほどの割安感もないのです。

時計のブランドを閉めて「ブルックリン・ベイクリー」という革グッズのブランドを経営していたマシューは、ニューヨークのクイーンズ地区で購入した革をマンハッタンのガーメント・ディストリクトで加工するようになりました。この経験を通じて、海外での生産に比べるとずっとスムーズだったとはいえ、自分が作りたい商品を作れる工場を見つけることの難しさを実感したと言います。それを見ていた「ブルックリン・ベイクリー」のパートナーの一人、ターニャ・メネンデスが、作り手と工場を結びつける「メーカーズ・ロウ」を発案し、サービスの開始にこぎ着けました。

現時点で「メーカーズ・ロウ」は、生まれたばかりのスタートアップ企業です。けれども、すでに国内50州で約4000の工場がサイトに登録しており、無料でサイトに登録した新進デザイナーたちは、どんな工場が存在して、どんな技術を持っているのか、最低限の生産数や料金といった情報を簡単に知ることができます。自分たちが苦労した体験をもとに、国内のものづくりとクリエイティビティの底上げを図ったこのサービスは、2013年にはベンチャーキャピタルからの100万ドルの資金調達に成功して、いま注目の新興企業としてメディアにも取り上げられることが増えています。

ヒップスターたちを中心に小さな渦《うず》として始まった、自分のなるべく近くで商品を作ろう、自分の近くで作られるモノを買おうというムーブメントは、いま確実に文化の主流に近いところで大きな波を形成しています。ごく小さな存在である新進デザイナーたちと国内の製造業を結びつける「メーカーズ・ロウ」に、投資家たちが可能性を感じて熱い視線を送っていることもそれを裏付けています。またこの流れを証明する材料は他にもあります。たとえばアメリカを代表する大企業のひとつ「ウォルマート」は2013年の1月に、次の10年間で500億ドル相当のアメリカ製の商品を買い付けると発表しました。もちろん、マーケティングや広報の見地からアメリカ産の商品を増やすことに好機を見たのでしょう。けれども、コミュニティレベルで始まった小さなムーブメントが社会に大きな影響を及ぼす力を持ちうるというひとつの例が、ここにあるのです。

顔の見える作り手から買える新しいオンラインストア

個人がブランドを立ち上げる際にハードルが低くなっていることの要因には、何といってもインターネットの世界の進化があります。消費者がオンラインでの買い物に抵抗を見せなくなってずいぶん久しいですが、アマゾンやイーベイが登場した創生期から、オンライン小売の方法論は多様性を高めています。

今、最もヒップスター的価値観に沿って展開しているネットサービスといえば、「Bコーポレーション」の例としても先に登場した「エッツィ（Etsy）」です。「エッツィ」がオフィスを構えるのは、かつてブルックリンの製造業が栄えたダンボ（DUMBO）と呼ばれるエリア（ブルックリンのマンハッタン橋とブルックリン橋のあいだの区域。"Down Under the Manhattan Bridge Overpass"の略）。オンラインのクラフトマーケットを営むこの会社は２００５年、ここに創業しました。ファウンダーは、ロバート・カリン。

５つの大学に籍を置きながらすべてを中退し、大工として生計を立てていた人物です。

アーティストや業者が手づくりの作品やヴィンテージの商品をブースで売る「クラフトフェア」と呼ばれるアメリカの伝統的な市場にヒントを得たという「エッツィ」ですが、オープン当初の基本的な構造は、個人がサイト内に「商店」を開き、商品の写真をアップして販売するという、「イーベイ」とほぼ同じものでした。出店にかかる料金は、商品を1点掲載するごとに20セント、売れると売上の３・５％が手数料となります。ひとつ「イーベイ」との大きな違いは、ここで売ることができる商品は、自分の手で作ったハンドメイド品と、作られて20年以上経ったヴィンテージ品、そしてクラフトを作るのに利用できる画材や道具といったたぐいのみ、という点です。

「エッツィ」は立ち上げ当初から、ハンドメイドの作り手や商品をプロモーションすることで、アンチ大量生産のバーチャル商店街としての立ち位置を確保しましたが、勢いがついたのはオンラインオークションの「イーベイ」が売り手に対する課金の方法を変えて、一部の売り手がこれに対する不満からストライキを行った２００８年頃から。「イーベイ」に替わる選択肢と目した作り手たちが「エッツィ」に鞍替《くらが》えしました。2009年には、売り手が自主的にツイッターやフェイスブックを使ってサイトをプロモーションする「エッツィ・デイ」を組織して、知名度を上げました。

「エッツィ」が消費者のあいだで支持を広げたもうひとつの理由は、そのキュレーション機能です。メールアドレスを登録すると、毎日、その日のテーマや季節に合わせて「エッツィ」が選ぶ商品が美しくレイアウトされたメールが届きます。衣類、家具、アクセサリー、アート作品まで何でもありですが、大量の商品の中から「エッツィ」がメーリングリスト用にキュレーションする商品は、そのときどきのファッション性を反映しながら、素朴なハンドメイド感あふれる商品や、廃材や再利用資材を使って作られた商品です。「エッツィTV」というユーチューブのチャンネルでは、作り手が商品を作る様子が短編のドキュメンタリーで紹介され、彼らの顔が見えるようになっています。2007年から続く不景気を経て、高級品や大量生産の安価な商品から、手づくりグッズやアーティストが作る商品へ、金銭的価値よりも希少価値が高い商品に消費者の関心が移ったことも一助となり、景気の悪さと反比例するように「エッツィ」は順調に売上を伸ばしてきました。

「エッツィ」の成功が興味深いのは、ある意味コーポラティブ（協同組合）のように、参加者の意思を尊重しながら運営されていることです。たとえば、大きな工場で作られている商品を扱う商店が同サイト上にできたときには、多くの売り手がメールやツイッター、あるいはサイト内に設けられている「エッツィ・フォーラム」を通じて抗議の意を表したことがありました。「エッツィ」側もユーザーたちの苦情に応えて対策をとり、ルール違反の出店者を排除する姿勢を示したのです。

「エッツィ」はその後の２０１３年の秋に、それまでの「手づくりオンリー」の方針から、工場で作られた既製品も、売り手がデザインした場合に限り販売を許可すると発表しました。この方向転換は先に紹介したような、工場を活用しながら少量生産するデザイナーやブランドが増えてきたことを反映していますが、「エッツィ」はインターネット上で「タウンホール・ミーティング」を開催して、これを発表したのです。これも、売り手のコミュニティの意思を尊重しているというジェスチャーです。

「エッツィ」に登録する売り手の数は、２０１４年6月の時点で４０００万人以上、２０１３年の売上は10億ドルを超えました。ここには、フルタイムの仕事をしながら手づくりグッズを売って副収入を得る、パートタイムの作り手の成功例が山のようにあります。たとえば、廃材を使った家具のブランド「リサイクルド・ブルックリン」がそうです。偶発的に家具を作るようになったブルックリン在住の兄弟が始めたブランドですが、きっかけは、脚本家をしながら仕事がなくなると大工などをして生計を支えていた弟のマシュー・ロフティスが、捨てられたドアを転用して自分用に作ったテーブルでした。友人たちに求められて需要があるのではと考えるようになり、2010年の3月、作った家具の写真を撮って「エッツィ」に載せました。

「2011年の秋に、『エッツィ』のブログが僕らのインタビューを載せてくれた。ブログに対する人々の反応は、想像をはるかに超えるものだった。大量の問い合わせが入り、『エッツィ』のオフィスからも注文が入った。個人の作り手を支援しようという彼らの姿勢が、ブランドの立ち上げの大きな手助けになった」と彼は語ります。

これが発端となり、「リサイクルド・ブルックリン」はサイドビジネスからフルタイムの事業に成長。今では、ブルックリンのレッド・フック地区に巨大なショールームを持つに至っています。

ブルックリンで生まれた「エッツィ」は、現在進行している手づくりブームの火付け役になり、海外のクラフトコミュニティともつながって、今ではすっかり国際的なサイトになりました。日本でも同様に、手づくり商品の作り手と買い手をつなぐことを目的としたマーケットプレイス「iichi」や、簡単にオンラインショップを作ることのできる「ストアーズ」など似た試みが出てきていることを見ても、このブームはまだまだ続きそうです。財力があれば買うことのできる高級ブランド品や、遠くの工場で大量に生産される規格品よりも、顔が見える個人の作り手が作ったものを使いたい。そんな消費者は、これからも増え続けていくのではないでしょうか。

第4章
自分の場所を作る文化発信のチャンネル

レコードの流行に見る音楽文化の再生の兆し

サブプライム金融危機が起きる前からずっともう長いあいだ、音楽が売れない、映画が作れない、書店やレコードショップがどんどん潰《つぶ》れていく、文化にとって難しい時代が続いていました。ところが危機以降、次々と個人経営のレコードショップや書店が登場し、音楽であれ映画であれ、個人が発信するのを簡易にするツールが登場して、インディペンデントな文化発信がいま再び盛り上がっています。

サブプライム危機が起きる前の2000年代前半から、インディペンデントな音楽シーンがブルックリンやボルチモア（メリーランド州）、プロビデンス（ロードアイランド州）といったアーティストの多いエリアを発信地として盛り上がりを見せていました。ミュージシャンやアーティストのコミュニティがDIY的に作り運営するギャラリーやライブハウスが次々と登場し、メジャーの音楽シーンに対抗する勢力として独自の存在感を示し始めていたからです。作り手たちは、フェイスブックが登場するまでは最もメジャーなSNSだったマイスペースを使って、コミュニティ間の横のつながりを作りながら自分たちの手で音楽シーンを盛り上げてきました。その後iTunesが登場したこともあり、インディーズの作り手たちにとっては、既存の流通経路に作品を乗せなくても視聴者に直接音楽を発信する道が拓《ひら》けていきました。こういうオルタナティブな流れの中で、アニマル・コレクティヴ、ギャング・ギャング・ダンス、ダーティー・プロジェクターズといったバンドが超人気バンドに成長していったのです。

他方、2001年にiPodが登場した頃から、アメリカ人が視聴する音楽のメディアはCDのパッケージからMP3といったデータに移行し、「音楽が売れない」という言葉をよく聞くようになりました。CDショップはだんだんと姿を消していき、ニューヨーク最後の大手CDショップ「ヴァージン・メガストア」は、2009年にその扉を閉めました。日本でも似たような危機感を持って音楽の将来が語られていたことは、みなさんご存じのとおりです。

ところが今、ニューヨークの街にCDやアナログ盤、さらにはカセットテープを扱う音楽ショップが次々と登場しています。私が暮らすブルックリンのグリーンポイントには現在、レコードショップが4軒あります。そのうち3軒は、この3年以内にオープンした店です。

その中の1軒「レコード・グラウチ」では、ターンテーブル、アナログ盤、CD、カセットテープを扱っていますが、商品の約8割がアナログ盤、うち6割程度が中古です。レコードのジャケットには、どんなジャンルの音楽なのか、どの時代に出てきたバンドなのかといった解説が付いていることもありますが、店内には試聴用のターンテーブルがあり、購入前に音を自由に確かめることができます。オーナーのダグ・プレスマンは、アナログ盤が盛り上がっている理由をこう解説してくれました。

「音楽の大半がインターネットで入手可能になったからこそ、インターネットでは出会えない音楽を足で探そうという人が増えた。このあたりはレコードショップが増えたけど、どこも独特のテイストを持っているし、中古が多いから競争にはならない。レコードショップが増えることで、レコードファンも増えると考えている」

音楽の作り手の多くも、ライブ会場で売る音源の形態をCDからアナログ盤にシフトしていっています。CDという商品自体が売れなくなり、そこに価値を持たせることが難しくなったのと反比例する形で、物体としてアナログ盤が注目されるようになったからです。ミュージシャンたちは、アルバムのジャケットに現代美術のアーティストを起用したり、ＭＰ３音源をダウンロードできるクーポンを同封するなど、アナログ盤の売り方を工夫しています。

ニューヨーク大学のＦＭ波を使って有名ＤＪがプレイする長寿番組「ビーツ・イン・スペース」を主宰するＤＪのティム・スウィーニーはこう語ります。

「数百枚という少量のアナログ盤を凝《こ》ったアートワークのジャケットとともにリリースするといったように、クオリティの高いレコードを出す小型の独立系レーベルが増えている。あっという間に売り切れてしまうし、売り切れた瞬間からどんどん価値が上がるから、それに煽《あお》られるように、ファンのアナログ盤に対する熱意が高まっている。結果的に、音楽にまつわる情報に対する興味も高まっていると思う」

ティムは、ＭＰ３が登場したときにいち早くユーザーが無料でダウンロードできる仕組みを作った、デジタル化のパイオニア的存在でしたが、自身も昨年新たなレコード・レーベルを立ち上げました。

「音楽という目に見えないものを、ラジオの波に乗せるという行為をずっとやってきたから、手に持てる商品が作りたかった。ずっとやりたかったことだけど、今なら視聴者の側も、再び音楽にお金を払う準備ができたんじゃないかと思ったんだ」

ＤＩＹのロックシーンからダンスミュージックまで、音楽シーンを盛り上げようという気運が、今ブルックリンを中心に高まっています。第2章で紹介した蚤の市《のみのいち》「スモーガスバーグ」も、２０１０年から春と秋に年2回、会場の一部を開放してレコードフェアを開催しています。２０１３年秋のフェアにはレコードショップ、レーベル、コレクターなど約50の出店者で賑《にぎ》わい、集まった客のためにバンドがライブ演奏して場を沸《わ》かせました。

こうした動きを見ていると、音楽の根強いファンたちは自分たちがまだ音楽に強い関心を持ち、それを守ろうとしている姿勢を表明しているように見えます。不況がやってきたときに、音楽を楽しめる場所がバタバタと潰れていく状況を体験したことに対する、ひとつのリアクションかもしれません。こうした動向は、アメリカ音楽業界の最盛期の活況に比べるとずっと小さなものでしかありません。けれども同時に、「音楽は売れない」「人は音楽にお金を払わなくなった」という指摘が必ずしも正しいものではないことを教えてくれています。

「音楽が売れていた」時代に肥大化したメジャー音楽業界と袂《たもと》を分かつ決断をするミュージシャンが増えているのも、注目すべき現代の新しい兆候です。インディーズのレーベルからアルバムを発表しながら体力をつけ、メジャーのレーベルと契約する、というかつての成功の定型が変わりつつあります。たとえばシカゴの人気バンド、オーケー・ゴー、激しいロックのアンドリューW・Kなどが大手レーベルを離れ、自身の独立系レーベルを立ち上げています。そこにはレーベルに支配されずに、自分の創作の自由を確保・維持したいという欲望もあるようですが、自分にリスナーがしっかりついているのであれば自らレーベルを運営したほうが、業界の構造上ミュージシャン一人あたりが支える労働人口が多いメジャーレーベルより金銭的な負担が少なくなる、という事情もあります。もちろん、こうした新しい挑戦が「音楽は儲《もう》からない」という構図を長期的に変えられるかどうかは、まだ未知数かもしれません。

若い作家がデジタルで直接映像を届ける配信革命

映像の世界にもまた、変革の波が生じています。ユーザーのメディア消費の対象がテレビからインターネットへと徐々にシフトし、iTunesやアマゾンなどデジタル配信の選択肢が増えるなか、映像作品の作り手も新しい現実に対応することが迫られています。DVDのレンタルサービスとしてスタートし、その後デジタル配信サービスにも進出した「ネットフリックス」が、ハリウッドスターを使った独自の連続ドラマを制作するなど、最近では新旧の企業がさらに入り乱れて、映像配信の世界も混沌《こんとん》としてきました。

インターネットは、インディペンデントの作り手にとっても新しい現実を提示しています。あなたがまだ映画を発表したことがない作り手だったとしましょう。既存のシステムの中では、資金繰り、制作、ポスト・プロダクションを経て、映画祭に出品し、審査を通れば発表、そこでうまく配給会社の目に留まれば劇場公開にこぎつけられるというプロセスがありました。メジャーどころのハリウッドスタジオが揺るぎない力を持ち、インディーズの作り手にとっては厳しい状況が長いあいだ続いていました。

ところが今は、見たいときに好きな映像を見られるビデオ・オン・デマンド（VOD）方式の配信サービスが乱立し、発表の場の選択肢がどんどん増えています。たとえば、視聴者に作品を直接配信するプラットフォームに「VHX」があります。グーグルで検索すると、サイトへのリンクとともに「アーティストは作品からもっとお金を稼ぐべき」というキャッチフレーズがすぐ出てきます。自分の映像作品をアップロードして直接配信でき、「VHX」に払う手数料は売上の10％と1ダウンロードあたり50セントという仕組み。クラウドファンディングの機能なども付いています。

VOD方式の良いところは、映画さえ作ってしまえば配給会社の手を借りなくても、ユーザーに直接届けられるということ、作品に長さなどの制限がないため自由に作れること（特に短編を作りたい場合には適しています）、また性的・暴力的表現にまつわる制限が少ないことなどです。一方で大きな欠点は、配信のプラットフォームの選択肢が増えたことでデジタル配信作品が一挙に増え、作品が埋もれてしまう可能性があるということです。マーケティングまで自分でやらなければならなくなったうえに、映画はインディペンデントで制作しても依然として相当な資金が必要です。VOD方式の配信を選ぶにしても、資金繰りとマーケティングが最大の課題なのです。

インディペンデント映画の世界で最近よく見かけるのは、クラウドファンディングの「キックスターター」や「インディゴーゴー」などで資金集めのキャンペーンを張ることで、資金繰りとマーケティングを同時進行で行いながらバズを作り出し、資金を提供してくれたサポーターに対し製作過程の様子を随時アップデートし続けながらファン基盤を作るという手法です。

「キックスターター」の場合には、映画だけでなく本の出版やガジェットの制作など、出資を募《つの》るプロジェクトに様々な多様性がありますが（第1章で触れた「エーブル・ブリューイング」の再利用可能なコーヒーフィルターはここから生まれた商品です）、興味深いのは創業者のペリー・チェンが、ブルックリンを拠点に活動していたアーティストだったという点です。一度はウィリアムズバーグにギャラリーを開いたこともあるというペリーが、ヨーロッパの有名ＤＪをニューオリンズのフェスティバルに招聘《しょうへい》しようとしたときに資金を目標額まで集められずに挫折《ざせつ》した体験から、自分の周囲のアートや音楽のコミュニティを支援するために「キックスターター」を起業したというのはあまりに有名な話です。

話をもとに戻すと、映像の世界では、短編や低予算のドキュメンタリーのＶＯＤ配信を行うポータルが多数登場し、作り手に対する料金体系や消費者に対する課金方法も様々で、どのフォーマットが生き残っていくのかまだ混沌としていて分からないというのが現状です。

そんななか、ユーチューブに対するオルタナティブとして登場した高画質ストリーミングサービスの「Vimeo（ビメオ）」が、２０１３年秋にインディーズ映画の配信を開始しました。「Vimeo」はトロント国際映画祭と組んで、同サイトで独占的に映画を公開しようという作り手に1万ドルを支払うという試みを発表しました。この「Vimeo On Demand」というサービスに登録すると、作り手が決めた価格で作品を配信することができます。配信は30日間、または「Vimeo」が1万ドルを回収するまで行われ、その後も作家が配信を続ける場合は、利益を作家に9割、「Vimeo」に1割という割合で還元します。

この中から生まれた最近の成功モデルといえば、写真家のシェリル・ダンが作った『エブリバディ・ストリート』という作品です。ブルース・デビッドソン、ジョエル・マイロウィッツ、リッキー・パウエルといった大御所写真家たちにストリートフォトについてインタビューしたこのドキュメンタリーは、そもそもは美術館の依頼で作った短編映画がもとになっています。シェリルは2010年に撮ったこの映像を長編にしたいと「キックスターター」で資金を募り、キャンペーンを張って、編集にかかる費用を捻出しました。映画が完成すると世界中の映画祭に出品し、全米各地で短期間の劇場公開を果たした後、「Vimeo」でデジタル配信を行いました。既存の配給ルートとインターネットに登場した新しいツールを駆使して、最終的にはたくさんの視聴者へ作品を届けることに成功したわけです。

実際のところこうした成功例はまだまだ少なく、新しく編み出された方法論で若い作家の創造性を伸ばして商業的成功まで導くことができるのか、まだまだ不明です。けれどもひとつ言えるのは、インディーズないし低予算映画の作り手にとって作品を発表するツールは確実に増えていて、受け手一般が触れることのできる作品の種類や形式もどんどん多様化しているということ。今後の展開が楽しみです。

小さなコミュニティを作って復活する雑誌

サブプライム危機以降、多くの雑誌が潰れていく姿を見て「紙の雑誌はいつか消える」と思った人は決して少なくないでしょう。私自身も、そういう思いを抱いた一人です。ところがここ数年のあいだに、アメリカ中、世界中に新しい「雑誌」が次々と登場しました。

たとえば「スモール・ギャザリング（小さな集まり）」とのコンセプトで登場したポートランド発の『キンフォーク』、ニューヨーク州北部ハドソンを拠点に農業や食の話題を提供する『モダン・ファーマー』、アンドリュー・ターロウのレストランで働く従業員たちが作る『ダイナー・ジャーナル』など、世界には小規模ながら自分たちの世界観を明確に持つ手づくり感たっぷりの雑誌がたくさんあります。いま勢いがあるのは、食の分野。自分の身の回りの日常的な話題や環境問題など、ヒップスター的価値観を軸にした視点を提供していて、きらびやかなラグジュアリーの世界を装《よそお》いながら広告収入を財源にしてきたメインストリームの雑誌とは一線を画して、小さな雑誌のコミュニティを形成しつつあるように見えます。

さらに規模の小さな出版の世界でも新しい動きがあります。アートやコミック、パンクのシーンにおけるひとつの表現の形として、もう何十年もサブカルチャーの一分野とみなされてきたZINEですが、ニューヨークにあるアートの専門書店「プリンテッド・マター」がニューヨークとロサンゼルスで開催する「アートブック・フェア」は毎年好調に動員数を伸ばし続けていて、刷り部数の少ないアート本や、コピー機やホチキスといった古典的なツールを使って作るZINEに魅力を感じる人々が増えていることを証明しています。さらにニューヨークでは昨年、地下鉄駅構内の潰れたニューススタンド（新聞や雑誌の小さな売店）でZINEを売るという、「ザ・ニューススタンド」の試みが半年という期間限定で登場し、これまでのニッチな世界を超えたより広い層にZINEの存在を知らしめました。

デジタル出版の世界にも新しいプラットフォームが続々と登場しています。インターネットとオンデマンド印刷を組み合わせた自費出版の「ルル・ドットコム」は、2002年の創立以来この世界のパイオニアとして知られていますが、それまでの相場より低いコストで自費出版を実現できる枠組みを作りました。プロの書き手たちが主導して生まれたプロジェクトもあります。ライターと編集者のチームにプログラマーが加わって生まれたブルックリンの「アタヴィスト」は、開発した電子書籍出版のプラットフォームを自費出版の書き手に提供する一方で、紙の出版部門では、プロの書き手たちによるノンフィクションの作品を5千語以上3万語以下という書籍にしては短めのフォーマットに限定して出版しています。サンフランシスコでは、同様に雑誌の世界で活躍してきた編集者チームが立ち上げた「バイライナー」があります。このプラットフォームもまた、独自のコンテンツに力を入れながら既存の雑誌と協力し、すでに雑誌に発表された記事の中から秀逸なものを厳選しバラ売りするという新しい試みに取り組んでいます。

世の中の動きとは独立して自分たちの場所を作る

手前味噌な話になりますが、サブプライム危機から始まった未曾有《みぞう》の不景気のなか、私自身もインディペンデントに何かを始めたいと思った人間の一人です。ニューヨークやアメリカで起きていることを日本の雑誌に執筆するという仕事で生計を立てていましたが、どんどん雑誌の数が減っていくのを目の当たりにして、同じように記事を書くことだけで自分がいつまで食べていけるのか不安になりました。自分が心から応援するインディーのクリエイターたちを紹介する場がほしいと思ったときに、当時ギャラリーを運営していた友人の山口優と、写真家のポーツ・ビショップが、「今なら自分たちでマガジンを作れる」と賛同してくれたことで、議論が始まりました。

インスピレーションの源になったのは、ソーシャルネットワークの草分け的存在となった「マイスペース」の登場で、自分の周りのミュージシャンたちが作った音源をインディペンデントな形で発表するようになっていたことでした。ちょうどアップルがタブレット型コンピュータのiPadを発売する前夜で、出版がよりオープンな市場になるのではないかという憶測が流れたタイミングでもありました。同じ頃、東京の友人でアートディレクターのムラカミカイエにもインディペンデントで出版のプロジェクトをやりたいと相談していたこともあり、iPadを使った媒体を作れないかと具体的に検討を始めました。

なんだかんだとブレストをしたり準備をしたりで、結局発案から足掛け3年以上かかりましたが、自分たちのメディア『PERISCOPE（パラスコープ）』を、ウェブで2012年に、iPad版で2013年に立ち上げることができました。

『PERISCOPE』はまだまだ媒体として弱小な存在ですが、未曾有の不景気がやってこなければきっと生まれなかったと思っています。景気が悪くなって、クリエイティブの世界に身を置く人たちが、既存のギャラや予算の枠組みや自分のあり方に疑問を持たなければ、「予算はないですが、これを一緒に作りませんか？」という、特に資金もない3人組の誘いにのってくれる人は現れなかったかもしれません。食、ファッション、クラフト、アート、音楽という様々な分野で、それまでの世の中に疑問を呈したり、既存のやり方とは違う方法論を模索しようという人たちが登場しなければ、私たちが取り上げたいと思うストーリーを見つけるのも、もっと難しかったでしょう。

予算があるかどうかにかかわらず、『PERISCOPE』は新しい表現に挑戦したい、新しい道を模索したいと考えるクリエイターや、そうした趣旨に賛同し題材になってくれる人々のコミュニティに支えられています。実際、iPad版で発表している撮り下ろしの動画は限りなくゼロに近い予算で作っていますが、それでも参加してくれるクリエイターたちには、彼らが熱意を持って取り組める主題を提供したり、商業的な仕事を紹介した

インディペンデントなものづくりをしたいというクリエイターたちに支えられる『PERISCOPE』のiPad版。創刊準備号（左）と、ユートピアニズムをテーマにした第1号（右）。

り、何らかの物々交換をするといった方法で還元するようにしています。

この方法論が長期的に持続可能かどうかは別として、私たちが今なんとかやっていけているのは、「ベスト・メイド」のピーター・ブキャナン・スミスが金融危機の際に「世の中の動きから独立した存在でありたい」と思ったのと同じように、メインストリームの枠組みの外で自分の場所を作りたいと感じたり、お金以外のものに価値を置いたりすることが、新しい価値の軸として参加者や読者とのあいだで共有されているからです。幸運にも今はiTunesやツイッター、フェイスブックがあるおかげで、私たちが暮らすブルックリンだけではなく、アメリカ国内、日本、さらにはアジアからアフリカまで、ごくごく小さいかもしれないけれど、自分たちと似た価値基準を持つ受け手のコミュニティに広くダイレクトに語りかけることができるのです。

立ち上げ当時の初志を貫徹して、アート、音楽、ファッションといった様々な分野でインディペンデントな活動にこだわる作り手の衝動の裏側を探ってきた『PERISCOPE』ですが、創刊してからこのわずか数年のあいだに、取材させていただいた人たちから私たちは色々なことを学んできました。本書に紹介した人たちの中には、『PERISCOPE』のおかげで出会った人もたくさん交じっています。私たちは彼らから、大企業主導の文化の中でひたすら翻弄され続けるしかないと感じる必要はない、自分たちの力でできることがあると教えられてきたのです。

政治に参加するチャンネルはひとつではない

2008年の大統領選挙のとき、アメリカ中の都市で、多くのヒップスターたちが、あるいは本書で論じてきた「新しい価値基準」を信じるタイプの人たちが、バラク・オバマを大統領にするために様々な努力をしている姿を目にしました。2012年に私がアメリカを一周した際には、同じ人々が、政治に対する無力感・無関心を表明しているのを耳にしました。オバマ大統領の任期を2年半弱残した今、その多くの人たちが、政治に、オバマ大統領に失望しているように見えます。

オバマ大統領が約束した「変革」の結果は、まちまちです。たくさんの民主党支持者が期待した医療改革は亀のようなスピードで前進してはいますが、混乱を極めています。これまで医療保険に入れなかった人々に対し、以前より安価に医療サービスを提供する道筋を開いてはいますが、これが長い目で見て、アメリカ国民にとって、アメリカの財政にとって、吉と出るか凶と出るかは未知数です。ただ、ヒップスター的価値観に通じる分野では前進も見られます。同性結婚とマリファナの合法化です。男性同士・女性同士のカップルにも異性同士と同じ権利を認める州は、将棋倒しのようにどんどん増えています。マリファナの個人使用を非犯罪化し、その医療使用を認める州も確実に増えています。

一方で、ヒップスターたちの最大の関心事のひとつに環境問題があります。ホワイトハウスは2014年5月に「全米気候評価（NCA）」の第三次報告書を発表し、アメリカ国内の気温が着実に上昇傾向にあってすでに健康被害を及ぼしている、このまま温室効果ガスの排出を抑制しないのならば、洪水や干ばつなどの災害が拡大するとの見通しを発表して、規制を強化する姿勢を示しました。オバマ政権が温暖化について明確な姿勢を示したことは、リベラル・革新派からは大歓迎されましたが、むしろ刻一刻と進行する問題の深刻さを浮き彫りにしました。

この本の執筆を終えようとする2014年5月上旬の時点で、世論調査の「ギャラップ」が発表するオバマ大統領の支持率は45％です。これまで最も支持率が高かったのは就任直後（2009年1月）の69％でしたが、就任以来の平均値は48％です。これだけ見ると高いわけでも低いわけでもないという数字ですが、2008年の選挙の際にアメリカを包んだ期待感の高まりを考えると残念な数字でもあります。

ヒップスターたちがオバマ政権についての失望を口にするとき、医療改革の混乱ぶりや伝統的なアメリカの覇権主義からそれほど遠いとは思えない外交政策、税金を使った救済措置の対象になりながら過去の惨事に学ぶことなく複雑な金融商品を取引し続ける金融業界に対する規制の緩さまで、その対象は多岐にわたります。

けれども今、政治の舞台においても、国民一人ひとり、私たち一人ひとりにできることは確実に増えています。たとえばアイヴァン・パルドという当時26歳のプログラマーが2013年に開発して、ヒップスターたちのあいだで瞬《また》く間にブレイクした「バイコット」というアプリがあります。店先に並ぶ商品のバーコードをスキャンすると、その企業が環境問題にどんな姿勢をとっているか、労働者の問題にどう取り組んでいるかなどが簡単に分かるようになっています。自分のお金をどんな理念を持った企業に使うかを、自分で決めることができるのです。

日本でもお馴染みの「チェンジ・ドット・オーグ」も、1980年生まれのベン・ラットレイが20代後半に自宅で構築したウェブサイトを何度か改良して署名サイトに進化させたもので、先に述べた「Bコーポレーション」の形態で運営されています。ユーザーが署名運動を立ち上げSNSを使って拡散するというシステムですが、集まった署名のおかげで「変革」が起きた例は枚挙にいとまがありません。大手銀行のバンク・オブ・アメリカが導入する予定だった月額の手数料を取りやめたり、ユナイテッド航空が発泡スチロールのカップの使用をやめたり、アップルが中国の工場の労働環境を改善することを決めたりと、市民の意思が大企業の方針に反映されるようになってきました。

大学を出てわずか数年だった若手エンジニアのアーロン・パッツァーが始めた「ミント・ドットコム」というサービスに登録すれば、自分が金融サービスの対価として払っている額が高いのか安いのかを知ったり、代替エネルギーを利用する電気会社の料金や医療保険のサービス内容を比べたりすることができます。大企業主導のこれまでの世の中で決して大きいとは言えなかった消費者や個人の力を拡大することを目的に、こうしたサービスを始めたのはみんな、いわばヒップスター世代の変革の旗手たちです。

そして今はまさに個人の表現の時代です。日本でも人気のある「インスタグラム」からスター写真家が生まれ、「サウンドクラウド」からヒット曲が生まれ、誰もが音楽を作り、デザイナーであり映像作家で、ブロガーです。雑誌であろうと映画であろうと、作りたいと思う気持ちがあれば、それを作るためのツールは揃っています。「何もできない」とただ無力感に打ちひしがれる必要はないのです。

ツールが揃ったからといって、誰もが自分の表現を金銭に変えられるということではありません。けれども作品を通じた戦いのフィールドがよりフラットになり、消費者の嗜好《しこう》がより細分化していくとすれば、自分が相手とすべき人々を発見し、彼らとつながり合うことで自分の居場所を確保することのハードルは、これまでよりも低くなっていくのです。

日本の伝統的な文化がアメリカに与えた影響

サブプライム危機が起きて、それまで揺るぎないものと思われていた「アメリカン・ドリーム」のあり方が、もはや絶対ではなくなりました。自分とは無関係だったかもしれない国家レベルのマネーゲームの失敗のおかげで、家や車といった物質の価値がある日突然変わってしまう危機を体験したからこそ、物的所有や金銭的成功よりも、自分の人生の舵《かじ》を自分で取れる状況を作ることや、自らが社会を変える力の一部になろうとする力が、メディアや文化の様々な場所に生まれてきたのかもしれません。

本書で紹介してきた新しいヒップスター的価値観は、ビート、ヒッピーイズム、パンク、オルタナティブといったように形を変えながらも、サブカルチャーの中で脈々と進化してきたものです。けれども、アメリカのメインストリームに厳然と存在する消費主義を前に、文化としては足跡を残しながらも、そのリベラルなものの見方や環境主義はある限定的な人々に支持されるのみでした。しかし、今や時代の変革をリードするヒップスター世代は、テクノロジーを自由に操り、より現実的で実践しやすい新しい戦い方をしながら、環境主義VS消費主義という明確な対立構造から離れた、よりバランスのとれた社会のあり方を模索しているように見えます。

ニューヨークという、資本主義を最も極端な形で体現する場所に私が住んでいるために、ここに紹介した人々の多くはニューヨークで活動することを選んだ人が中心になっていますが、本書で紹介してきた動きはもちろん、ニューヨークやアメリカに限ったことではありません。新たなるヒップスターたちは、人とのつながりやインターネットを通じて目に見えないゆるやかなネットワークを作っていますから、ニューヨークにいても、世界の様々な場所で似た方法でモノを作り表現活動をしている人たちに出会います。私が普段の仕事や『PERISCOPE』を通じて取材している人たちの多くも、こういう目に見えないネットワークのおかげで出会った人たちです。新しい時代に入って、価値観や意識が伝播《でんぱ》しやすくなっているのです。

本書に登場したような人たちと話をしていて、日本の文化が話題になることがよくあります。「シェ・パニース」のアリス・ウォータースは、1960〜70年代に影響を受けたもののひとつに、サンフランシスコでビートニクスやヒッピーたちが傾倒した禅宗があると教えてくれました。アリスのように、日本の食文化や工芸品との付き合い方に少なからず影響を受けた北カリフォルニアの人々が食のアルティザン文化を生み出し、それがポートランドを経由してブルックリンで開花したこと、それが全米の食やクラフトのルネサンスにつながったことを考えると、日本の伝統的な文化が今もアメリカの文化に与える影響は軽視できません。

ファッションから工芸品まで、日本のものづくりのセンスや独特の感覚は、アメリカの、そして世界の最前線で活躍する作り手に今も影響を及ぼしています。さらに、今ブルックリンやポートランドで起きていることは、すでに日本の文化のそこここでも起きています。その地域の旬の食べ物を食べること、自分の周りで作られたものを支援すること、自分の手の届く範囲から何かを変えようすること、そんな価値観で海外のコミュニティとつながり何かを始めた人もいるでしょうし、日本の伝統の根底に流れる哲学から何かを吸収した人もいるでしょう。こうしたことは日本人でも忘れがちなことですが、アメリカが危機にさらされて自らの歴史を振り返ったように、今こそ日本人も自分の文化の核にある考え方をあらためて見つめ直してみることが必要なのかもしれません。

この本の執筆は、普段から取材していることに、あらためて文脈を付けるという作業でした。どういう社会的背景の中で、アメリカの食が急においしくなり、クラフトブームが起きたのか、なぜ再びインディペンデントなものづくりが盛り上がっているのか。そうした文脈は、日本にムーブメントが輸入される過程で抜け落ちてしまいがちです。

海外で良いとされているものが鳴り物入りで日本に登場するときに、違和感を感じることがあります。誤解を恐れずに言えば、海外で流行っているものを、そのままコピーして日本に紹介するという手法に私は反対です。今、ポートランドやブルックリンで起きていることは、その地域の特性から生まれてきた土着のものであり、単にコピーするとその意味は失なわれてしまうからです。ですから、せめてそれがどういう文脈から登場してきたのかを考えてほしいと思います。それをヒントに、自分の手が届く範囲で自分にしか作れないものを作ること、自分がいる場所でしかできない創作をすることが、ひとつの正しい答えなのだと私は感じています。

ときどき、やりたいことが見つからない、社会の中で自分の居場所をどう見つけたらいいのか分からない、という学生さんから相談を受けることがあります。私もかつてはそういう一人でした。この本に登場する人々から私が学び、みなさんと共有したいと思ったのは、自分の身の回りの小さなところから始めて自分の場所や仲間を見つけ、自分の表現を形にすることで独立した存在になることとは、「できる」ということです。この本に登場するストーリーが、みなさんにとって何かのヒントやきっかけになることを願ってやみません。

この本に書いたのは今も継続している物語です。書き始めてからもずっと、たくさんの人々が、新しい食の動向や新しいものづくりの試みについて教えてくれました。アメリカで起きた変革の波が、より大きな潮流に成長できるかどうかは、それに触れた一人ひとりが、その価値観を自分なりの仕方で生活や創作に取り入れることができるかどうかにかかっているのだと思います。その未来を今後も、見続け、書き続けていきたいと思います。

佐久間裕美子（さくま・ゆみこ）

ライター。1973年生まれ。1993年のスタンフォード大学短期留学中に、サンフランシスコでジャム・バンドの英雄ジェリー・ガルシアのライブを体験して、自由の国アメリカに暮らそうと決める。1996年に慶應義塾大学を卒業後、イェール大学大学院修士課程に進学。全米の危険な中小都市ランキング上位に入る都市で鍛えられる。1998年、大学院修了と同時にニューヨークへ。新聞社のニューヨーク支局、出版社、通信社勤務を経て、会社員生活に向いていないと自覚し、2003年に独立。2008年、ロバート・フランクの『アメリカンズ』刊行50周年へのトリビュートとして初めて全米を一周。サブプライム金融危機を受けて、インディペンデントのメディアを作りたいと、2012年に『PERISCOPE』を友人たちのグループと立ち上げる。2014年、東京五輪招致の請負人ニック・バーリーに取材して『日本はこうしてオリンピックを勝ち取った！ 世界を動かすプレゼン力』（NHK出版）を翻訳・構成。これまで、アル・ゴア元副大統領からウディ・アレン、ショーン・ペンまで、多数の有名人や知識人にインタビューした。『ブルータス』『&プレミアム』『ヴォーグ』『GQ』など多数の雑誌に寄稿する。

website　http://wearetheperiscope.com/
twitter　@yumikosakuma
facebook　http://www.facebook.com/yumi.sakuma